序伦

财经文库

中国上市公司
资本配置效率
与公司治理
——基于混合所有制改革政策视角

陈曦明 ◎ 著

中国财经出版传媒集团

经济科学出版社
Economic Science Press

图书在版编目（CIP）数据

中国上市公司资本配置效率与公司治理：基于混合
所有制改革政策视角/陈曦明著 . —北京：经济科学
出版社，2021.1
（序伦财经文库）
ISBN 978 - 7 - 5218 - 2059 - 1

Ⅰ.①中… Ⅱ.①陈… Ⅲ.①上市公司 – 企业管理 –
研究 – 中国 Ⅳ.①F279.246

中国版本图书馆 CIP 数据核字（2020）第 224758 号

责任编辑：刘 丽
责任校对：齐 杰
责任印制：范 艳

中国上市公司资本配置效率与公司治理
——基于混合所有制改革政策视角

陈曦明 著

经济科学出版社出版、发行 新华书店经销
社址：北京市海淀区阜成路甲 28 号 邮编：100142
总编部电话：010 – 88191217 发行部电话：010 – 88191522
网址：www. esp. com. cn
电子邮箱：esp@ esp. com. cn
天猫网店：经济科学出版社旗舰店
网址：http://jjkxcbs. tmall. com
固安华明印业有限公司印装
710×1000 16 开 12.5 印张 170000 字
2021 年 1 月第 1 版 2021 年 1 月第 1 次印刷
ISBN 978 – 7 – 5218 – 2059 – 1 定价：68.00 元
（图书出现印装问题，本社负责调换。电话：010 – 88191510）
（版权所有 侵权必究 打击盗版 举报热线：010 – 88191661
QQ：2242791300 营销中心电话：010 – 88191537
电子邮箱：dbts@ esp. com. cn）

前言

　　中国经济当前正处于转型的关键时期，面临来自国内外的压力，机遇与挑战并存。随着经济增长步入新常态，中国经济发展继续实现由"投资驱动"向"创新驱动"转型，而在此过程中，如何有效地提高实体经济运行效率成为关键，但是当前存在的过度投资、产能过剩、资源配置效率偏低、金融市场监管制度不完善等问题都对实体经济的发展提出了一系列挑战。从微观层面分析，企业个体作为实体经济的主要参与者，其各方面的行为都影响着行业发展和经济走向；从宏观层面分析，如何能够通过有效的制度规范与适度的行业政策来对企业行为形成积极、正向的引导则成为政策设计的关键。已有文献也注意到研究宏观政策对微观企业行为影响机制的重要性，但是多数研究常常是围绕宏观财政政策与货币政策等对企业投融资、经营情况以及创新能力等方面的影响机制展开讨论，对于改革政策的研究鲜有涉及。同时，在讨论改革政策时，关于经济模式的改革对微观企业行为的影响不容忽视。中国经济的所有制模式是公有制和非公有制经济等多种所有制经济模式并存的状态，对于发展混合所有制模式有一定的治理基础。值得注意的是，一直以来，世界各国的国有企业均受到过度投资、产能过剩等资本配置问题困扰；然而与此同时，民营企业又常常面临新型业务融资难，以及业务进行阶段融资瓶颈等资金短缺问题而陷入发展困境。在此背景下，混合所有制改革政策的推进旨在通过改变所有权结构、转换政府角色、加速市场化进程，从而改善国有企业与民营企业面临的困境，进而达到改变企业经营机制与提高运行效率的短期目标，但是现有文献关于混合所有制改革政策实施效应的研究仍然较少。众所周知，企业的投资效率、融资约束及公司治理问题对于企业的经营机制及运行效率都有重要的影响，因此，在此背景下提出以下研究框架：在对已有理论与相关研究进行系统梳理的基础上，基于"反事实"处理效应模型讨论混合所有制改革政策的实施对企业层面的投资效率、融资约束及公司治理问题的影响机制与作用，并运用该模型进行实证检验。本书的研究结论不仅是对现有研究体系的进一步完善，更能够为混合所有制改革政策的实施效应提供经验证据。在撰写本书的过程中，作者将过去零散的研究整合起来，具体包括以下内容。

第 1 章对当前的经济形势与中国的混合所有制改革历程进行了回顾，通过对改革的背景、动机、具体实施方案进行系统梳理，讨论了混合所有制改革（以下简称"混改"）的有效推进对中国经济可持续发展的重要性。在此基础上，针对当前在改革政策背景下，关于"混改"的政策目标提出了研究问题：从企业投资效率、融资约束及公司内部治理的角度考察"混改"政策的实施效果。希望通过本书的研究、撰写，能够为"混改"政策的进一步推进提供参考借鉴与实证支持。另外，在第 1 章对研究路径与框架、研究方法与研究创新进行了详细说明。

第 2 章对相关文献进行了系统的梳理，详细阐述了研究采用的理论方法，提出了本书的撰写思路。从宏观环境与企业投融资行为、公司治理相关研究与混合所有制改革相关研究两个方面对已有相关文献进行了以理论发展为线索的系统梳理。其中，针对前者，主要对现有研究中关于货币政策、财政政策等宏观政策对企业相关行为影响机制与作用的相关研究进行了梳理；针对后者，分别就混合所有制改革的内涵与混合所有制改革对企业投融资与公司内部治理等相关行为的研究进行了系统介绍。通过文献梳理，发现已有研究中关于混合所有制改革及其对企业相关行为影响机制的讨论仍有不足，在中国，改革的力量不容忽视，这也成为主要研究动机之一，据此确定了研究视角，并详细介绍了研究采用的样本。同时，梳理研究涉及的理论，对研究中讨论的资本配置效率问题和公司治理问题涉及的委托代理理论、信息不对称理论、寻租理论和政府干预相关理论进行了梳理和评价。本章最后，详细介绍了研究采用的计量方法。

　　第3章是对于混合所有制改革政策对企业融资约束的影响机制的一些思考。首先，基于已有理论与现有的实证研究对融资约束的定义与形成机理进行了梳理，并对国企当前的融资约束问题进行了定性讨论；其次，结合理论分析并考虑混合所有制改革的政策背景，基于"反事实"估计框架建立了考察混合所有制改革政策对于不同所有制性质企业的融资约束影响机制的实证模型。研究发现："混改"政策在一定程度上可以降低企业的融资约束，值得注意的是，对国有企业而言，短期内预算软约束的降低并没有提升国有企业融资约束。另外，考虑到积极投资者的引入一定程度上促使国企财务状况更加健康，从而获取更多的融资渠道，可能在某种程度上有助于企业投资效率的提高，还进一步实证检验了融资约束对企业投资效率的影响作用（参见第4章）。研究发现："混改"政策出台之后国企市场化程度加深、投资者性质更加多元化，但是并不能证明国企的代理问题与投资效率等顽固问题有所改善。

　　第 4 章试图探讨混合所有制改革政策对企业投资效率的影响机制。首先，从企业的非效率投资现象出发，从理论分析的角度对有关企业非效率投资的成因进行了系统梳理。在此基础上，考虑混合所有制改革的政策影响，同样基于"反事实"处理效应研究框架建立了实证模型。其次，在实证研究中，借鉴斯科特·理查德森（Scott Richardson，2006）提出的方法对样本企业的投资效率（过度投资）进行有效衡量。然后，将所得结果作为实证模型的被解释变量，重点考察政策与实际控制人性质交互项，进而寻求进一步的微观政绩。接着，使用样本数据对所建立的面板数据模型进行估计，得到与预期基本一致的研究结论。具体而言，研究发现：国资性质的企业的过度投资现象相比非国有企业明显严重，而"混改"政策的实施从整体上有效改善了混合所有制国有企业的投资效率。最后，进一步对上述研究结论进行了稳健性检验。

　　第 5 章为混合所有制改革政策与企业的公司治理情况的研究。当前国有企业的公司治理中存在的重大问题之一即国企腐败，具体表现为国企工作人员滥用经营管理权为自己或利益相关方牟取利益，而期间产生的成本却由企业或公共资源承担。然而由于其成因复杂，虽然各学科都从多维视角对企业的腐败问题及其治理进行过大量研究讨论，但是腐败问题仍长期存在。在此背景下，混合所有制改革试图通过改变企业所有权结构，实现政府从"管企业"向"管资本"的角色转换，充分发挥市场在资源配置中的调节作用，或许可以从某种程度上改善企业为了获取资源而存在的"吃喝"腐败问题。首先，通过对企业腐败的内涵与成因进行理论综述，界定腐败的不同层次，并在该理论的基础上提出混合所有制改革改善企业腐败的作用机制。其次，基于理论分析，进一步基于"反事实"估计框架建立实证模型对此作用机制进行了检验。实证检验结果支持了上述理论假设：混合所有制改革政策的出台确实在一定程度上改善了企业的"吃喝"腐败问题，降低了企业的公司治理成本。

第 6 章为研究结论与政策建议。根据对中国改革政策有限的认识，世界各地的学者和研究机构都曾试图分析中国的经济增长模式与改革模式，从而能够复制推广进而提高全球居民生产生活水平，改善地区经济结构，但是限于中国独有的外生条件，他们借鉴了大量的已有理论且构建新的动态均衡模型都无法对中国的经济现象给出完美解释。本章从实证研究的视角，首先，对研究内容进行了概括总结，并对各个章节的主要研究发现进行了归纳。其次，针对未来"混合所有制改革"系列政策继续推进过程中需要重点关注的问题与发展方向提出了具有阶段性意义的合理化政策建议。

目　录

第 1 章　导　　言

1.1　研　究　背　景

混合所有制经济一般是指财产权分别隶属于不同性质所有者的经济形式，"混合所有制"本质上并非新兴概念，国内外均有相关经验。自改革开放以来，基于生产资料公有制，建立起具有中国特色的"社会主义公有制"经济制度。自"计划经济"这一指令型经济体系转型至今，由于资本积累的强大推动作用，中国国内生产总值（Gross Domestic Product，GDP）从 1978 年的 1437 亿元，增长至 2019 年的 89.16 万亿元。近年来，中国经济从之前的高速增长，转向 6%～7% 的中高速增长。如何进一步深化国有企业混合所有制改革，对于推动中国经济保持中高速增长、迈向中高端水平具有重要作用。

在中国经济体制逐步完善的背景下，混合所有制改革经历多次调整，1993 年中国共产党第十四届中央委员会第三次全体会议通过《中共中央关于建立社会主义市场经济体制若干问题的决定》（以下简称《决定》），并在《决定》中指出："按照现代企业制度的要求，现有全国性行业总公司要逐步改组为控股公司。发展一批以公有制为主体，以产权联结为主要纽带的跨地区、跨行业的大型企业集团，发挥其在促进结构调整，提高规模效益，加快新技术、新产品开发，增强国际竞争能力等方面的重要作用。"1995—1998 年混合所有制改革与现代企业制度相结合，1997 年中国共产党第十五次全国代表大会报告中将"混改"上升到制度层面，报告指出："公有制经济不仅包括国有经济和集体经济，还包括混合所有制经济中的国有成分和集体成分。"① 该报告准确界定了不同国有企业的功能。值得一提的是，1997 年适逢亚洲金融危机，增量改革在此大环境下应运而生。1999 年中共十五届四中全会明确了国有企业公司化改制，国企改革主要是通过控股权变更来解决的，大量小型企业"有偿转让"，但却引发国有资产流失的争议。

2003 年 10 月，中国共产党第十六届中央委员会第三次全体会议通过《中共中央关于完善社会主义市场经济体制若干问题的决定》，提出："要适应经济市场化不断发展的趋势，进一步增强公有制经济的活力，大力发展国有资本、集体资本和非公有制资本等参股的混合所有制经济，实现投资主体多元化，使股份制成为公有制的主要实现形式。"从而明确了"进一步巩固和发展公有制经济，鼓励、支持和引导非公有制经济发展"的创新驱动深化改革方向。但是早期的"混改"工作面临来自意识形态的政治风险，主管国有企业改革的部门所承受的压力来源于寻找国有企业与市场经济的结合点，因而在退回计划经济体制与市场经济私有化之间徘徊（陈清泰，2008）。中国早期的"混改"在考虑规避政治风险的情况下，大多国企所有权改革主要采取不清晰界定公有制与私有制界限的"模糊战略"（张文魁等，2017）。2003 年提出发展"混合所有制经济"之后，对于效益好、规模大的国企，地方政府认为短期之内仍需掌控企业的实际控制权（张德霖，2007），此时国企大多采取"股改上市"的形式进行所有权改制，国有资产流失的政治风险小，既解决了股权分置问题，促进了大牛市的爆发，又使得大量央企在资本市场获得了公允定价，至此，以混合所有制为主导的国企改革在多方共赢的局面下自然进展顺畅。

---

① 江泽民. 高举邓小平理论伟大旗帜，把建设有中国特色社会主义事业全面推向二十一世纪——在中国共产党第十五次全国代表大会上的报告［M］. 北京：人民出版社，1997.

　　自 2013 年中国共产党第十八届中央委员会第三次全体会议之后，混合所有制被置于前所未有的重要地位，会议指出"积极发展混合所有制经济，完善国有资产管理体制，以管资本为主加强国有资产监管"。鉴于国有经济在我国经济中的特殊地位，"混改"作为国企改革的突破口自此之后进入实质性操作阶段，本次"混改"与前几次国企"混改"在认识层面、制度设计层面和操作层面都通过在国资背景中引入非公有资本，在部分领域产生"鲶鱼效应"①，从而形成一定的负向激励，进而盘活国有资产、提高国企的活力、竞争力，保证市场在资源配置中发挥决定性作用、充分激发推动社会财富创造的一切因素，进而全面启动国资、国企改革。混合所有制经济的主要实现形式一般意义上是指股份制，最初主要是非公有资本参股国有企业，后续也有一些非国资背景企业在发展过程中，出于企业中长期战略等原因主动引入国资，抑或非公有制企业出售股份给地方政府。目前，虽然本轮国企改革进入深水区，"严防国有资产流失"和"坚持党的领导"使得"混改"操作不易、效率提升又难以立竿见影，但是中央提升国企效率的决心和坚持市场化的改革原则可以使混改向纵深方向不断推进。针对国有资产流失问题，一是大部分国有企业已经实现了股改上市；二是相关配套因之不断完善，例如《资产评估法》和《企业国有资产交易监督管理办法》，以及其他限制央企、国企并购业务等法规的相继出台。对国企分类制定"混改"策略，因企施策，试点先行，以点带面。截至本书完成，"混改"试点企业基本集中于垄断领域，与此同时，国企股权结构改制工作有条不紊地进行，从试点实施的情况来看，国有资本仍处于控股地位但比例大幅下降，合计持股比例一般不超过 40%，非国有资本通常采取增资扩股的方式入股国企，且单个主体的持股比例并不高；所引入的战略投资者能与国有资本形成一定的优势互补、战略协同

---

　　① 鲶鱼效应：鲶鱼在搅动小鱼生存环境的同时，也激活了小鱼的求生能力；商业中讨论鲶鱼效应是指采取一种手段或措施，刺激一些企业活跃起来，投入到市场中积极参与竞争，从而激活市场中的同行业企业。

效应，如中国联通等，现阶段已经取得了明显进展。

自1993年至今，部分国企通过所有权改制发展成为混合所有制企业，但公司治理及内部控制仍有待提高。根据国务院于2015年提出的《关于国有企业发展混合所有制经济的意见》（以下简称《意见》）中所明确的总体要求："混改"的出发点和落脚点是国有资本、集体资本、非公有资本等交叉持股、相互融合的混合所有制经济，是基本经济制度的重要实现形式。随着中国经济体量在全球的地位攀升，具有鲜明中国特色的国企也面临日益激烈的国际竞争，本轮"混改"直指很多国企面临的两大问题：一是"国有资本一股独大"的产权结构；二是在人员管理制度方面，激励约束机制不够完善。

混合所有制实现路径之一是全民所有地方政府代理行使所有权方式的改革，引入战略投资者，进一步优化股权结构。国企积极探索"混改"的核心内容可以总结为：转换经营机制及提高运行效率。首先，转换经营机制，完善国企现代公司治理结构，建立健全国资监管措施与国企内控手段。为提高国企资金使用效率、实现管理模式的现代化，以实现国有企业可持续成长，从而更好地履行民生义务，企业层面需从传统的简单粗放型的高消耗低效益投资向提升国有资本使用效率转变。如《意见》所示，提高国企运行效率主要体现在提高国资配置和运行效率，以及国企抵抗市场风险、国际风险等不确定性风险的能力，从而在宏观层面达到优化国有经济布局的目的，进一步增强国有经济的活力，最终实现国企主动适应和引领经济发展的新常态。从具体改革政策上来看，需要通过宏观环境所造成的压力，迫使企业改进组织内部运作机制、优化激励措施，并及时淘汰经营不善的企业，吸纳和培育运作良好的企业。同时，亟待完善现行《破产法》，不只有当企业进出市场总体自由、不受限制时，宏观环境的压力才能发挥积极作用。如果一个企业缺少竞争力，就会面临淘汰出局的危险。因此，不应该因为高效率对手的加入就回避竞争，设置竞争障碍会降低激励措施的有效性，妨碍改革。

综上所述，就中国当前国资、国企改革的进展情况来看，"混改"仍是主要改革手段，同时，也应当明确"混改"并非最终目的，因此对于2013年"混改"政策的实证评价有重要的参考价值和现实意义，具体体现在下一阶段"混改"操作细则的制定与出台。通常来说，混合所有制改革是指国企引入非公有制资本参与所有权改制，民营资本购买某国有企业的所有权，大多数情况下都要面对政府保留国有股的情况，这往往是由于在以往中国国资监管过程中，对于非国有企业的管理经验较为匮乏。但是并不排除有些民资企业会主动引入国资参股来实现企业混合所有制。除资金不能完全覆盖国企价值的原因之外，民企或外企通过引入国资参股可以获得和国企同等的国民待遇或者公平市场待遇，具体表现在市场准入、竞标重大项目、获得银行贷款和政府补贴等方面。国企与民企相比更容易获得银行贷款，而充裕的资金遇到有限的项目将诱发过度投资现象（将在第4章讨论）；与国企相比，其他所有制经济体面临更大的融资约束（具体见第3章讨论）。反观民企，在遇到热点项目时却常常捉襟见肘，面临现金流短缺的局面。混合所有制经济制度可以同时解决民企筹资难问题和国企过度投资问题。本书的实证研究结果显示：国企相比其他所有制企业更倾向于过度投资，同时面临更低的融资成本，将在第3～第5章对具体原因展开说明及讨论。

值得注意的是，国有企业并非仅有经济功能，其社会责任等民生功能亦不容忽视。尽管国有企业长期在中国经济中扮演重要角色，但是仍有很多研究国企效率的文章存在某种程度上的成见，即国有企业效率低下，但是现实情况是国资主导的投资亏损有之，私营投资亏损也有之。2019年7月22日全球同步发布了最新的《财富》世界500强排行榜。世界500强企业中有129家来自中国，数量上首次超过美国（121家）。世界500强企业中排名在前十位的企业中，有3家中国企业，中国石化位列第二，中国石油和国家电网分列第四、第五位。此外，沃尔玛连续第六年蝉联全球最大公司，壳牌石油上升至第三位，沙特阿美作为2019年新上榜的石油公司排在第六位。从盈利水平来看，我国国有企业表现良好，如表1.1所示，在《财富》世界 500 强企业榜单前十位的中国企业均为国资背景。但是世界 500 强的平均利润为 43 亿美元，而中国（不计台湾地区）的 119 家企业的平均利润为 35 亿美元。此外，不容忽视的中美差距：如果不计上榜 11 家银行的利润，其他 108 家中国上榜企业的平均利润仅为 19.2 亿美元。美国不计算银行的其他 113 家企业的平均利润高达 52.8 亿美元。

表 1.1　　　　　　世界 500 强企业榜单前十位的中国企业　　　单位：百万美元

排名	上年排名	公司名称（英文）	营业收入	利润
2	3	中国石油化工集团公司（SINOPEC GROUP）	414649.9	5845.0
4	4	中国石油天然气集团公司（CHINA NATIONAL PETROLEUM）	392976.6	2270.5
5	2	国家电网公司（STATE GRID）	387056.0	8174.8
21	23	中国建筑集团有限公司（CHINA STATE CONSTRUCTION ENGINEERING）	181524.5	3159.5
26	26	中国工商银行（INDUSTRIAL & COMMERCIAL BANK OF CHINA）	168979.0	45002.3
29	29	中国平安保险（集团）股份有限公司（PING AN INSURANCE）	163597.4	16237.2
31	31	中国建设银行（CHINA CONSTRUCTION BANK）	151110.8	38498.4
36	40	中国农业银行（AGRICULTURAL BANK OF CHINA）	139523.6	30656.5
39	36	上海汽车集团股份有限公司（SAIC MOTOR）	136392.5	5443.8
44	46	中国银行（BANK OF CHINA）	127714.1	27225.2

正是认识到国资、国企改革必须落实到企业生产经营活动与资本市场参与活动中，本书将针对"混改"政策对上市公司的资本配置效率和公司治理相关问题的影响机制进行研究，因此首先梳理了混合所有制的改革

历程、理论，并剖析相关政策（见表 1.2），选取的研究对象为"混合所有制企业"。一般将所有制分为单一所有制与混合所有制两种，其中，单一所有制又分为国有、内资（或民资、个体、私营）和外资等形式。自改革开放以来，中国经济的市场化程度纵深发展国企，逐步引进现代公司治理制度，同时股份制公司大量出现，混合所有制企业在时代背景与市场发展共同作用下应运而生，形成独具特色且新潮的企业组建模式。而已有研究中关于"混改"企业的公司治理、业绩表现、投融资决策及政策敏感性等有意义的相关研究较少，这也是本书提出研究问题的主要出发点。混合所有制改革是国资国企改革的重要突破口，因而在对"混改"政策进行梳理时，也对国企改革相关政策进行了梳理。

表 1.2   渐进的混合所有制改革政策梳理

年份	会议及所提文件	内容概述
1993	中国共产党第十四届中央委员会第三次全体会议《中共中央关于建立社会主义市场经济体制若干问题的决定》	国有企业改革的方向是建立产权明晰、权责明确、政企分开、管理科学的现代企业制度
1997	中国共产党第十五次全国代表大会报告	公有制经济不仅包括国有经济和集体经济，还包括混合所有制经济中的国有成分和集体成分
1999	中国共产党第十五届中央委员会第四次全体会议《中共中央关于国有企业改革和发展若干重大问题的决定》	积极探索国有资产管理的有效形式，提出"国家所有、分级管理、授权经营、分工监督"十六字原则
2002	中国共产党第十六次全国代表大会报告	对国有资产管理体制进行重大改革
2003	《国有企业清产核资办法》《关于规范国有企业改制工作的意见》《企业国有产权转让管理暂行办法》	针对企业改制中的各环节，强化企业监管，防止国有资产流失

续表

年份	会议及所提文件	内容概述
2013	中国共产党第十八届中央委员会第三次全体会议	发展混合所有制经济，基本政策已明确，关键是细则，成败也在细则。要吸取过去国企改革的经验和教训，不能在一片改革声浪中把国有资产变成牟取暴利的机会。积极发展混合所有制经济，完善国有资产管理体制，以管资本为主加强国有资产监管
2015	《关于国有企业发展混合所有制经济的意见》	到 2020 年，在国有企业改革重要领域和关键环节取得决定性成果，形成更加符合我国基本经济制度和社会主义市场经济发展要求的国有资产管理体制、现代企业制度、市场化经营机制，国有资本布局结构更趋合理，国有经济活力、控制力、影响力、抗风险能力明显增强
2016	国务院国资委《关于市场化银行债权转股权的指导意见》	允许采用股债结合的综合性方案降低企业杠杆率，实施机构发起设立私募股权投资基金开展市场化债权转股权等，切实解决市场化银行债权转股权工作中遇到的具体问题和困难
2018	《国企改革"双百行动"工作方案》	国务院国企改革领导小组办，选取 224 家中央企业子公司和 180 家地方国有企业作为试点，改革实施时间被划定在 2018—2020 年
2019	《中央企业混合所有制改革操作指引》（以下简称《指引》）	《指引》明确，中央企业所属各级子企业通过产权转让、增资扩股、首发上市（Initial Offerings，IPO）、上市公司资产重组等方式，引入非公有资本、集体资本，实施混合所有制改革，相关工作参考此次发布的《指引》

1.2 研究框架

根据来自中经网产业数据库的统计数据（见表 1.3），重点关注工业领域（规模以上），研究暂且不考虑与地方财政的关联以及其承担的社会责任，重点关注改革政策对国有企业自身的影响，从经营情况来看，国有企业的表现仍有进一步提升空间，但是整体上企业的亏损范围缩小。国企"混改"并不仅关注所有权改制，而且需要注意的是，国企公司治理问题才是症结所在，因此，不可忽视建立和完善适合现阶段国企发展的现代企业管理制度。本书将以混合所有制企业为研究对象，通过构建"改革政策与微观企业行为"的分析框架，对混合所有制改革的政策影响进行分析和评价，为如何进一步深化国企"混改"、提升国资运行效率，提高企业总体经营效率提供参考。结合国有企业混合所有制改革的总体要求，实证研究从以下几方面展开。

表 1.3　　　　　　　　2009—2016 年国资背景企业的亏损情况

指标	2009 年	2010 年	2011 年	2012 年	2013 年	2014 年	2015 年	2016 年
国企总数/家	20528	20179	16415	17341	18197	17830	18373	18614
亏损户数/家	6368	5314	3510	4250	4642	4884	5468	4993
亏损/（%）	31.02	26.33	21.38	24.51	25.51	27.39	29.76	26.82

研究 1："混改"政策如何影响企业融资约束？（第 3 章）

子研究（1）："混改"政策出台前后，企业的融资约束是否存在差异？

子研究（2）："混改"政策出台前后，对于不同实际控制人性质的企业（国企与非国企），融资约束是否存在差异？

研究 2："混改"政策影响企业投资效率的程度与作用路径。（第 4 章）

子研究（1）："混改"政策出台前后，企业的投资效率是否存在差异？

子研究（2）：不同所有权性质的企业，其投资效率对"混改"政策敏感性的差异。

子研究（3）："混改"政策出台前后，企业融资约束与企业投资效率的关系是否有变化？变化幅度是多少？

研究 3："混改"政策如何影响企业内部公司治理——从企业"吃喝"腐败的角度。（第5章）

子研究（1）："混改"政策出台前后，其"吃喝"腐败程度是否有所改善？对于不同实际控制人性质的企业，该变化是否有差异？

子研究（2）："混改"政策出台前后，随着公司治理程度的改变，是否影响其投融资效率？"混改"政策出台前后，随着公司治理程度的改变，资本配置效率的变动程度如何？资本配置效率变动的路径又是怎么样的？

以上实证研究是以混合所有制改革政策为出发点，对改革政策与微观企业行为之间关联的初探，拓展了现有研究视野，希望能起到抛砖引玉的作用，具体研究架构如图1.1所示。

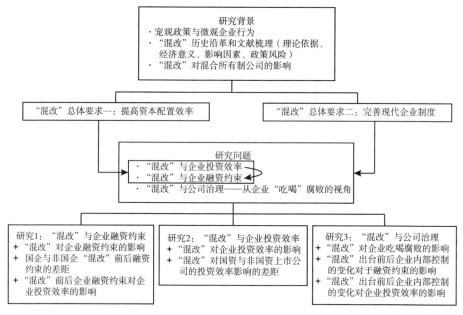

图 1.1　研究架构

1.3　相关概念界定

1.3.1　资本配置效率

考察资本配置效率的意义在于从技术角度很难同时满足公平与效率，若过度强调绝对公平则忽视了市场的竞争机制；若过度强调效率，则必然会导致社会资源过于集中，长此以往会导致发展不平衡，最终导致社会成本上升、资源浪费。广义上讨论资本配置效率时，不仅讨论不同来源的金融性资本组合、分配，还需要考虑非金融属性资本，如人力资本、智力资本等。国务院发布《关于国有企业发展混合所有制经济的意见》，提出："提高国有资本配置和运行效率，完善现代企业制度和监管体制，从而促进国有企业转换经营机制，实现各种所有制资本共同发展。"狭义上讨论资本配置效率时，一般是指资本在公司内部的配置，因而资本配置效率是指公司处于生产临界线时，如何平衡其实际产出水平与所拥有的资源、技术要求之间的关系。关于研究对象的选取，以评估混合所有制改革政策为立足点，探讨该政策对于企业资金使用效率的变动，并分析了公司的投资效率与融资约束。本书将从资本的"获取"与"运用"两方面对资本配置效率进行区分，此外，资本并非无限而是具有稀缺性的基本理论假设，书中将具体考察上市公司货币资本配置的两方面问题：一方面，关注有限的资源分配给最需要的项目，即企业的投资效率；另一方面，企业为达成可持续经营的目的，不容忽视的是其筹资来源，即企业面临的融资约束问题。

1.3.2 公司治理——从"吃喝"腐败的视角

"吃喝"腐败原于腐败的一种类型，现有文献的讨论一般集中于"国企与项目公司（民资、外资）之间"以及"国企与政府"之间。如蔡洪滨（Cai，2011）指出，公司治理水平越低，管理层更倾向于在职消费，导致企业在吃喝上的费用增加。虽然合理的在职消费属于激励机制，但是不可控的灰色收入则表现为高管腐败，由于国企的权责界定不明晰，高管所做的投资决策，会对个人利益产生影响，利益驱使向高管行贿的行为发生，因而在监控不足、信息披露有限的情况下，国企高管薪酬的上限过低，导致其更加看重在职期间的灰色收入。因而在临近退休年龄，国企高管中较为明显的"59岁现象"是"有权不用，过期作废"很显著的反映。从公司治理角度来看，企业吃喝支出较高暗示其公司治理机制不佳（Yermack，2006）。共同吃喝一直被视为企业拉近与政府关系的法宝。请客吃饭、红包文化或者人情面子均属于中国固有商业习惯，互赠礼物也是必不可少的商业礼仪。为了维护所谓的"社会关系"会导致大量业务招待费支出，进一步引发"吃喝"腐败。政企关系的维护，具有信息传递效应和减少信息不对称的功能（张璇等，2017），值得一提的是，商业关系中的酒文化并非中国首创，如葡萄酒文化在西方文明中由来已久，因而本书采用企业的吃喝费用作为企业内部治理成本的代理变量具有普遍意义。

1.3.3 混合所有制企业

从现代财政学的角度，皇室财政是国家财政的一部分，但在欧洲各国宗教改革之前，尚未形成现代意义的国家和政权，国家财政与皇室财政并无明确界限，甚至皇室财政的支配等级更高，国家财政被视为皇室财产的补充。《威斯特伐利亚和约》的签订虽然确立了国家主权平等，但是仍存在"国有"概念混淆的问题，因而只存在所谓的"政（官）府经营"，没有纯粹的"国有"概念。《共产党宣言》所指的"消灭私有制"主要是废除资本主义生产关系，即主要关注资本与企业的特质，并未明确"国有""公有"与"私有""民营"之间的异同；《资本论》也并未探讨"全民所有制"的实现形式。国家、集体、私人三种性质的所有权的界定首次出现在 1923 年《俄罗斯苏维埃联邦社会主义共和国民法典》。对于国有经济的定义，在当前西方市场经济国家的实践中与中国现行制度安排有较大差异。混合所有制是发达国家政府干预市场的有效手段之一。例如，英国在第二次世界大战后为了尽快恢复在战争中被破坏的基础设施和发展现代化工业建设，引入混合所有制，历经多年发展，该国混合所有制发展较为成熟，模式较多，主要包括：公共财政出资主导的公共杠杆、合同外包与特许经营，以及私人与政府联合出资的合资合营与战略合作。因而一般认为混合所有制企业是一个比较具有中国特色的概念。

　　一般在初步划分混合所有制企业时，采用"是否同时包含国有和非国有股份"的方法，根据中国当前情况统计，混合所有制企业的类型分为：既含有公有制也含有非公有制的混合所有制企业（如中外合资企业）、公有制主体与个人共同出资的企业（如吸收员工股份、公司外部人员持股等），以及公有制内部联合组成的混合所有制企业。关于混合所有制企业的定义莫衷一是，本书涉及的混合所有制企业是指一个企业同时包含国有大宗股份和非国有大宗股份。此处的大宗股份是指公司的前十大股东，相较于一般财务投资者，大股东作为积极投资人更注重公司未来发展而非在二级市场以买卖普通证券作为获利目的。该定义不包括不存在大宗非国有股份的上市公司。中国目前已经出现大量的混合所有制企业，而且数量较大，但是，本书并不仅在国有企业改革的前提下讨论混合所有制企业，因为目前除国企改造为混合所有制企业外，内资企业会主动吸引国资参股（具体参见 2.3 节研究样本）。此外，一方面，国资背景的企业收购非公有制属性企业的股份；另一方面，非公有制属性企业也收购国企股份，都会形成混合所有制企业。

1.4 研究问题与主要内容

本书建立的混合所有制改革政策与企业相关行为的研究框架，分别从"混改"对企业融资约束、投资效率及公司治理（"吃喝"腐败角度）的影响机制与影响程度展开深入讨论，本书主要包括以下内容。

（1）从研究立意来看，在中国当前经济发展阶段企业作为微观经济体对宏观经济的影响不容忽视，企业的经营机制与企业的资本配置效率是影响企业总体竞争力的关键。众所周知，微观企业的行为决策在很大程度上依赖于宏观经济形势与宏观政策的实施，因而研究宏观形势波动、宏观经济政策及改革政策或经济周期等宏观情况下的微观企业行为具有重要意义。现有文献虽然已经注意到宏观政策对微观企业行为影响作用的重要性，但是多数研究都围绕宏观财政政策与货币政策等对企业行为的影响机制与作用展开讨论。中国当前处于混合所有制改革的攻坚期，而关于"混改"这一改革政策的实证检验并不完善，该政策是否能够有效实现其改革初衷，是否能有效带动企业经营机制转变并提高企业运行效率、资本配置效率，针对诸如此类的问题的实证研究还不够充分，本书的研究正是对宏观政策与微观企业行为研究体系的补充，也是关于企业资本层面改革政策评价的初步尝试。

（2）从具体的研究问题来看，本书重点关注了企业的融资约束、投资效率与企业的公司治理（"吃喝"腐败）问题。资本配置效率与委托代理问题导致的"吃喝"腐败现象对于企业提升竞争力、转换经营机制及提高运行效率都有着不容忽视的影响。虽然已有研究中关于"混改"政策的讨论并不少，但多数是理论层面的讨论与定性分析，本书试图从实证角度对改革政策与企业在资本市场的相关行为展开研究。本书基于"反事实"处理效应研究框架建立实证研究模型，对"混改"政策的实施在企业行为层面（以上三个方面的问题）的影响机制与作用进行实证检验。这也是本书在研究内容方面的另一个尝试。

（3）进一步提出之前文献中并未充分解释的改革政策对于提高微观企业投资效率作用的传导机制，分为直接和间接两个层面，直接作用表现为"混改"政策提升了企业的资本配置效率（融资约束降低）；间接作用体现在受到本轮"混改"的影响，国企的投资效率提升。此外，上市公司的战略投资者的积极参与程度加深，从而提高了企业的公司治理能力（降低企业的代理成本），最终实现了从整体上提高企业的运行效率。

（4）从研究方法上看，为了对"混改"政策实施效应进行较为公允的评价，本书运用反事实处理效应研究框架，并基于该框架使用双重差分（Difference in Differences，DID）方法建立了实证模型。本书在一定程度上克服了已有文献由于缺乏合理的研究方法而多数局限于定性分析的问题，因此本书在研究方法的选取上，也是具有一定创新性的尝试。

1.5　本章小结

本章详细阐述了全书的研究动机及背景，并概括了研究意义；对当前的经济形势与中国的混合所有制改革历程进行了回顾，对混合所有制改革的背景、动机以及具体实施方案进行系统梳理，并且讨论了混合所有制改革的有效推进对于中国经济发展的重要性。同时，界定了本书在后续研究中涉及的相关概念，并且详述了研究路径与研究框架。

第2章 文献综述与研究视角

亚当·斯密（1776）在《国富论》中指出，市场会以其内在机制维持健康运行，即在理性人假设下，将市场的供求机制比喻成"看不见的手"，此时，认为无需政府干预，市场参与者即可达到均衡状态。市场经济发展初期，市场主体为生产者和消费者，政府主要充当"守夜人"或"警察"。但是随着经济运行复杂化，资本主义世界经历过1929—1933年大萧条之后，经济学家对于政府干预的讨论有了新进展。自凯恩斯（Keynes，1936）主张以财政政策与货币政策为主要手段对经济直接进行国家干预之后，逐渐出现大量有关政府干预和政策有效性等理论思想与实证研究。斯蒂格利茨（Stiglitz，1983）指出了市场失灵具有普遍性，同时指出政府的作用在于弥补市场缺陷，政府政策应定位于资源配置职能，并提出了政府的经济职能理论，即通过征税权、禁止权和处罚权等政府独有的权力纠正市场失灵。但是在政府逐渐在市场中有所作为的同时，经济危机发生的频率提高，并且规模扩大，建立在福利经济学基础上的"扶持之手"实证模型在当时的经济条件下并不具备很强的说服力。施莱弗和维什尼（Shleifer & Vishny，1996）建立了"掠夺之手"模型，指出政策有利于少数既得利益集团与有利于全社会整体福利提升的目标有很大差距，特别是出于官员的政治目标，国有企业运营效率会降低。基于政府干预有时会降低资本配置效率，他们提出限制"掠夺之手"，强化市场型政府，并指出政府制定政策建议应注意针对性。斯蒂格利茨（2011）提出著名的

"带着金丝绒手套的掠夺"：若监管制度严重缺乏，那么将国资转移给非公有制的经济参与经营是否能解决问题，斯蒂格利茨认为这只是将原来的"掠夺之手"戴上了私有化的"丝绒手套"，此外，他总结了金融危机的经验教训：政府行为缺失相比政府过度干涉市场运行的后果更加严重（Furman & Stiglitz，1998）。此时，中国面临转型和发展两大挑战，"改革"政策的提出由来已久，随着时间发生变化，改革的含义也会不同，通过法律制度的建立实现自上而下（top-down）的改革或顶层设计对基层实践的引领；或者通过基层实践推动制度创新实现自下而上（bottom-up）的改革。

　　基于中国经济转型背景下的改革政策属于制度调整，混合所有制改革政策则是改革标的为企业的改革政策，目的是提高国有资本配置效率及建立健全现代企业制度。"小政府理论"逐渐取代"大政府理论"是当前中国政府在国有资本运营和管理方面的职能转变，即"小权力大责任"，具体体现在监管职能的加强与社会责任中的支出，如环境保护、医疗福利等。改革政策的设计与有效实施，二者缺一不可，因而短期来看，"混改"之后的协同效应明显。同时，媒体的报道不断增加市场参与者对于政策正向影响的信心。基于市场参与者对于政策有效性的预期对"混改"的效果进行评价，短期内政策效应较好，由于长期来看，改革政策的后续细则会根据改革进程和不可预测的宏观环境进行调整，故"混改"究竟是否会对国企改革起到重要作用，未来仍需进一步检验。改革政策的影响较大，如由于改革政策的外部性，1992 年俄罗斯经济改革模式的失败影响波及其他实施改革政策的国家，市场参与者对改革成功的信心降低。俄罗斯政治寡头预计民主选举会威胁到其不正当的财富来源时往往倾向于采取的策略：利用金融势力获得政治影响或者采取风险性更低的措施，即将国内财富转移到海外。

2.1 改革政策与资本配置效率的相关研究及述评

改革政策涵盖的范围较广,一般包括区域改革、司法改革、经济改革和社会改革等,而政策走向与宏观经济的运行息息相关。如高善文(2013)指出,在进行宏观经济分析时需要重点回答三个问题:一是经济走向;二是政策立场;三是资金松紧。其中,宏观经济改革政策包括财政政策、货币政策、信贷政策、汇率政策和经济管制政策等。作用于微观经济体的改革政策(投融资行为、公司治理、财务管理、会计政策、内部控制、经营模式、税务筹划等)的影响可以概括为三个方面:第一,较为宏观的改革政策通过作用于预期的宏观经济环境、行业发展来影响企业行为(如投资行为、雇佣行为及社会责任或非盈利行为等);第二,改革政策影响企业资本配置效率和资本的获取成本(如影响企业投融资行为、现金管理行为等);第三,改革政策通过作用于企业经营环境达到改变企业行为的目的(如经济下行时,由于信息不确定情况增加导致企业盈余管理趋于谨慎等)。值得特别注意的是,宏观经济政策对企业的影响在某种程度上具有不确定性,该不确定性直观上来自企业所处经营环境的不确定性,但根本原因是宏观调控、改革政策的不可预期性,理论上宏观调控或改革政策的宗旨是为企业生产经营带来正面影响,但是实际情况往往会有偏差。

现有文献中关于宏观经济政策与企业行为联动关系的研究涵盖了企业行为与经济周期或货币政策、利率政策等方面,与融资约束较强的企业相比,融资约束相对较弱的企业会根据经济周期的变化调整其资本结构。例如,宏观经济活动的变化会影响公司的会计选择和财务管理行为(Korajczyk & Levy,2003)。20世纪80年代英国货币政策变动频繁,通过计算英国1970—1990年20年间上市公司每年的投资方差,发现20世纪80年代较上个十年总体方差显著变小（Beaudry et al.，2001），进一步证明了企业在面对货币政策的不确定性时，投资行为趋于一致；反之，趋同的企业投资行为也将进一步影响宏观经济政策的变动和走向。综合来看，现有文献中的大多研究主要是针对宏观经济环境、宏观调控（财政政策与货币政策）对企业投融资行为及资本结构的影响机制与作用展开讨论。企业受到宏观经济形势的影响主要来自制度环境，尤其是市场竞争的压力。企业的资本结构、投融资行为及相应的现金股利政策都在很大程度上由宏观经济状况决定（Sotomayor & Cadenillas，2009）。基于上市公司的年报数据，我们容易发现公司的杠杆结构常常是反经济周期的，如通过建立经济周期对公司信用风险的影响、建立经济周期与公司资本结构的选择模型，衡量资本结构变化幅度与宏观经济状况的关系（Hackbarth et al.，2006）可以证明以上结论。另外，大量文献基于金融摩擦理论讨论了货币政策环境对企业投融资行为的影响机制与作用。

虽然以上文献从多个角度研究讨论了宏观经济政策、产业政策，以及制度环境等对微观企业投融资行为的影响，如货币政策或财政政策对一段时期内公司资本结构的影响，并分析了影响机制，一定程度上是对公司金融理论的不断丰富与完善。但是相对而言，宏观经济政策与微观企业行为的相关研究仍有待进一步丰富与完善。本书研究的 2013 年混合所有制改革政策对企业行为的影响机制备受学界关注，因此该研究也是对已有研究体系的补充。同时，本书各章的实证研究结论一定程度上为宏观金融摩擦模型的完善提供了可供参考的经验依据。

2.1.1 混合所有制改革与企业所有权

国有产权在理论上一般是指由国家所有，再按照可接受的政治程序来决定使用权。在国有产权下，由于权利由国家所选择的代理人来行使，虽然代理人作为权利的使用者，但是由于他对资源的使用、转让及最后成果的分配都不具有充分的权利和职能，这就导致代理者激励不足，一般体现在对企业经济绩效的漠不关心、对其他成员的监督不够等，而国家要对这些代理者进行充分监督、检查的费用又极高，再加上行使国家权力的实体往往为了追求其政治利益而偏离利润最大化动机，因而它在选择代理者时也具有从政治利益而非经济利益考虑的倾向，因而国家产权下的外部性极大。根据产权所有者的性质不同，可将产权按照国有产权、共有产权和私有产权三类划分。此外，在其他领域中，也有关于产权与所有权的讨论。其中，从政治经济学的角度讨论产权与所有权的角度，容易陷入"名词之争"，并非本书关注的重点。社会学的研究者对于产权与所有权进行了广泛讨论，如马俊驹、梅夏英（1999），张明龙（2002）和刘世定（1998）等在探讨产权的运作与变迁时，基于当事者对于产权的认知，认为所有权与产权基本相同。在研究国有产权时，经济学范畴下的研究一般不对产权与所有权进行区分，混合所有制在中国得到了长足发展。徐善长（2006）在研究中指出，1997年江苏省混合所有制企业的产出占全省GDP的40%以上，浙江省国有企业、集体企业完成企业改制占比达到98.3%（徐善长对混合所有制的定义与本书不同），截至2005年，浙江省登记的混合所有制企业共计占企业总数的61%。从宏观和广义层面来讲，多种所有制经济并存发展，通常表现为一个国家或地区所有制结构的非单一性，即所有制结构包括公有制经济主体（国有、集体等）和非公有制的经济主体（个体、私营、外资等），还包括拥有国有和集体成分的合资、合作经济。混合所有制经济的狭义和微观层面的含义一般是指企业形式的经济主体，由不同所有制性质的投资主体共同组建。随着中国经济制度变迁以及市场转型，由不同出资者共同投资或者由不同所有制经济联合组建而成的企业形式属于混合所有制经济的狭义概念，本书的研究侧重围绕微观与狭义的混合所有制经济进行讨论。在针对中国混合所有制改革的问题进行研究时，应主要从国资、国企的改革入手，以研发创新、生产服务等实体企业为国企混合所有制改革工作的重点。现阶段为推进国企"混改"主要采取引入非国有资本的方式，达到激发国企在科技创新、管理方式和商业模式上进行改良。虽然所处发展阶段不同，但是制度结构不同的经济体面临的问题往往非常相似，因而他国经验具有参考价值。

以欧洲典型国家和新加坡的国企国有资产管理架构为例，如图 2.1 所示。

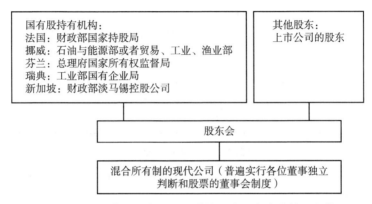

图 2.1　欧洲典型国家和新加坡的国企国有资产管理架构

资料来源：张文魁，等 . 混合所有制与现代企业制度——政策分析及中外实例［M］. 北京：人民出版社，2017：143.

按照扩大开放与加强监管同步的要求，依照外商投资产业指导目录和相关安全审查规定，完善外资安全审查工作机制，切实加强风险防范。瑞典、芬兰、德国、法国、新加坡等发达国家都对国有企业进行了所有权改革，国资背景的机构持股人通常并不参与公司日常经营。

相比上述国家国有企业持股权和行政管理权的清晰、简洁，中国的国有企业国资管理框架则明显存在"多头管理效率低"的问题（见图2.2），因而国资、国企"混改"的关键是合理限定法人层级，有效压缩、减少管理层级和路径，规范企业股东（大）会、董事会、经理层、监事会和党组织的权责关系，从而明确混合所有制国企的市场主体地位。为确保国企内部顺利推行现代公司治理、激励约束机制，政府适当的做法是避免插手企业的自主经营，股东也不得频繁地介入企业日常运营中。明确股东的法律地位和股东在资本收益、企业重大决策、选择管理者等方面的权利，股东依法按出资比例和公司章程规定行权履职。

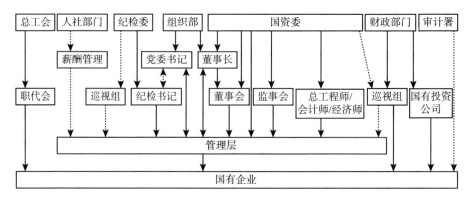

图 2.2 国有企业管理架构

资料来源：张文魁，等. 混合所有制与现代企业制度——政策分析及中外实例［M］. 北京：人民出版社，2017：80.

值得注意的是，为防止国有资产流失，在有明确规定的特定领域，如国防、供电等领域原本并不适合非公资本参与经营，因而我国目前采取在国资控股的前提下，形成适应中国国情的合理有效的治理结构和市场化经营机制。

2.1.2 关于混合所有制企业资产配置问题的研究与述评

简单的模式创新、投资拉动、开拓市场带来的空间越来越小，为了促进经济从微观层面转型与效率提升，为了对国有企业形成有效激励，政府出台了一系列政策。自 2009—2015 年的新政策出台，中国 31 个省区市（不包括港澳台）制定了战略性新兴产业发展规划，政策措施主要包括财政税收政策、金融扶持政策、人才建设政策及科技研发政策与公共服务政策五个方面。但是研究（如黎文靖等，2014；徐朝阳等，2015；李胜会等，2015）显示，以行政手段进行政策调控会引发过度投资，导致产能严重过剩，企业投资效率下降，同时区域之间不同政策甚至可能会诱发潜在的恶性竞争。本书基于"混合所有制改革"的政策背景，在宏观经济政策与微观企业行为之间建立了联系，旨在考察"混改"相关政策对企业行为的影响机制与影响程度，以下将主要针对混合所有制改革与企业行为的相关研究进行梳理。事实上，宏观经济政策及其动态调整是微观企业行为及企业价值创造的重要背景与基础，虽然实务界与学术界甚至媒体舆论均十分关注宏观经济环境和政策对微观企业行为的影响，但是由于跨界研究及数据可得性等问题带来的挑战，围绕"混改"政策对企业活动影响作用的相关研究并不多见。目前已有研究的一个共同观点是，企业的所有制结构会在很大程度上影响其经营管理行为。例如，博伊科和施莱弗（Boycko & Shleifer，1996）通过建立理论模型，提出国企引入民资可以提高其经营效率，同时也能解决政府对国企的干预缺乏后续跟进的问题。关于国有企业的投资研究发现，国有企业的投资方向包括高新技术产业投资和海外投资。吴延兵（2014）通过比较不同所有制企业的创新能力发现，混合所有制企业的创新能力最强（相对于独资企业），并提出混合所有制企业既可享受公有制的资源优势，又具备相对完善的技术创新激励机制，因而创新能力优于私营企业、外商投资企业和国有企业。同时，国企成功实现所有制改革的途径是变革经营决策权，即实现由政府向商业性专业管理层的转移，使得公司管理层以商业手段取代行政手段进行经营决策。资源在研发创新领域错配（Konig et al.，2017），国企申请低息贷款和获取政府补贴相对容易，导致国企占据了过量创新资源。尽管民营企业在 R&D 资金的使用上更有效率，但其在获取创新资金方面相对国企仍较为困难。

金融市场的发展，理论上可以有效缓解信息不对称引起的逆向选择问题，降低企业融资的信息成本，增加金融市场的资金供给，减轻中小企业所受到的融资约束。顾乃康等（2009）指出融资约束程度与金融市场发展呈显著的负相关关系，金融市场的改革、法律体系正规化与融资平台的多元化可以消除我国企业的融资障碍。另外，政府对金融市场中资本的流向起着重要的导向作用（Kruegerc，1974），这使得探讨企业与政府之间的政治联系成为一个有意义的话题。

目前针对政治联系和企业融资的研究主要集中在政治联系与银行贷款可获得性、银行贷款期限结构、违约率等方面。实证研究得出的结论为，政治联系可以减少企业所面对的融资障碍，缓解企业所承受的外部融资约束。法乔等（Faccio et al.，2002）、克莱森斯等（Claessens et al.，2003）、余明桂等（2010）、潘红波和余明桂等（2014）、张敏等（2010）均通过实证研究证明了有政治联系的企业相比无政治联系的企业可以获得更多的银行贷款、更优惠的税收政策以及拥有更高的资产负债率。较高的违约率并不会妨碍具有政治联系的企业从国有银行获得贷款（Khwaja & Mian，2005）。基于中国 23 位省部级官员的腐败案件，研究发现有政治联系的公司相较没有政治联系的公司更容易获得债权融资并且拥有更长的期限结构（Fan，Rui & Zhao，2008）。余明桂等（2010）得出了相同的结论，并且发现政治联系对企业获取银行贷款的便利程度，在法治水平低、金融发展落后的地区体现得更为明显。唐建新等（2010）也发现，与政治联系较匮乏的民营中小企业相比，那些具有一定政治联系的企业受到的融资约束较小，从而证明了有无政治联系可以作为一种非正式的衡量机制，从而间接度量企业融资的难易程度。

2.1.3 "混改"与企业现代公司治理制度

在公司治理方面，博伊科等（Boycko et al.，1994）通过对企业实际控制人性质等相关问题的讨论，发现德国改革成功的重点在于发展混合所有制经济资源配置。如果市场外部经济条件不成熟，那么混合所有制就很难推行，因而国资、国企"混改"的节奏一般需要和全国的经济体制改革进程基本保持一致。中国共产党第十八届中央委员会第三次全体会议明确："市场在资源配置中起决定性作用和更好发挥政府作用"。虽然一般混合所有制企业是指由公有资本（国有资本和集体资本）与非公有制资本（民营资本和外国资本）共同参股组建而成的新型企业形式，但是发挥市场机制的资源配置作用也涉及非公产权，市场化改革的核心是解决"效率"和"公平"的问题，需要消除对于不同产权融资约束的歧视。混合所有制企业需要建立健全现代公司治理制度，可以概括为：明晰产权，同股同权，依法保护各类股东权益。董事会的职责包括：经理层成员等高级经营管理人员选聘、业绩考核、设定管理层的薪资水平和制订其他激励计划等，维护企业真正的市场主体地位。

虽然国内也有一些研究对象为混合所有制企业的文献，但是实证研究经验还不够系统和全面，关于混合所有制企业兴起的原因、现状及公司治理方面和资本配置效率方面鲜有涉及，因此本书更具价值。为确保国企公司治理制度规范化，提高国企财务信息、人事任免以及政策推行等企业日常经营管理的透明度，鼓励国企通过整体上市、并购重组、发行可转债等方式，逐步调整国有股权比例。积极引入各类投资者，形成多元化、规范的股权结构，如某些领域适当引入外资参与国企改制，引导国企通过规范化海外并购、投融资技术合作、离岸金融等方式，从而提高国企全球化资本配置能力。

2.2　资本配置效率相关研究现状、述评及发展趋势

由于资源的稀缺性（经济学理论假设的前提），资源的运用效率一直是学者广泛讨论的经济学命题，也是后续经济学理论发展的基础。资源的稀缺性使得资源配置和资源利用效率成为研究焦点，因而通过改进投资效率（Investment Efficiency）提升资源使用效率长久以来一直是金融学的重点，但是直到 1936 年之后才出现微观领域有关过度投资的理论。企业投

资理论从宏观层面逐渐发展起来，凯恩斯（1936）提出收入决定理论，用利率解释了投资对经济影响的双向情况。金融加速器原理在投资的乘数效应理论基础上发展，在模型中引入消费以解释经济周期的变动，投资的增加引起消费的增加，消费的增加又会作用于新一轮的扩大产出、收入增加及资本增加。后续还发展出经济增长理论、国际投资理论和金融投资理论。整体来看，宏观投资理论主要集中于以下两个方面：经济增长理论与国际投资理论。金融投资理论以"现代金融之父"马科维茨提出的资产定价理论为代表，该理论将风险划分为系统性风险与非系统性风险，是利用资本资产定价模型（Capital Asset Pricing Model，CAPM）套利定价的理论（Arbitrage Pricing Theory，APT）对资产进行定价。其中本书关注的过度投资理论就是金融投资理论的分支。

2.2.1 企业投资效率相关研究及述评

关于过度投资的定义，目前应用比较普遍的是由理查德森（2006）提出的，他将投资按用途不同分为维持现有资产和建设新项目两个部分，建设新项目的投资又可细化为正常投资（投资 NPV > 0 的项目）和非正常投资（投资 NPV < 0 的项目），此类对于非最优投资策略的资金配置则被定义为过度投资行为。庇古（Pigou，1918）在宏观层面对投资过度成因的解释为：生产相对于消费过剩。而微观层面的相关研究主要围绕金融直接投资决策问题展开。另外，企业过度投资问题也隶属于代理人问题之一。用谷歌学术搜索引擎可搜索出含有关键字"过度投资/Overinvest"的文献约 14.7 万篇，其中近 5 年的过度投资文献中约 10.3 万篇与中国问题相关，足以见得中外学者对中国过度投资问题的关注。根据以往的研究发现，学者一般从宏观和微观两个角度定义与衡量投资效率，但是由于一般情况下，海外的经济发展情况不同于中国，主要经济体未经历过计划经济等特殊时期，与中国在经济体制、政策制定模式和发展阶段均有所区别，

所以目前关于宏观投资效率的国外文献，基于中国国情可借鉴的程度有限（樊潇彦和袁志刚，2006），投资主体为企业的微观投资效率参考资料较多。

中外学者广泛讨论了上市公司过度投资行为的相关问题，包括非效率投资的产生原因、影响路径和度量非效率投资采用的计量方法。企业非效率投资受到其所处行业的技术创新、进入门槛和竞争环境等因素影响。虽然规模经济与新技术提高了企业竞争能力，但是企业竞相扩张导致了行业生产能力过剩。技术进步加剧了生产能力的过剩，造成产品价格降低。若某行业的进入门槛过低，则新企业会大量涌入，新企业为了快速进入市场，相比老企业更倾向于过度投资。同时，新进入者的激进战略会导致该行业产能过剩。当企业的投资动向处于隐秘状态时，存在的潜在危机是，同一时间内有大量企业投资于单一领域。与此相对应的是，企业对某行业的乐观造成投资期望膨胀，从而进行大规模投资导致投资过度，上述逻辑推演是资产泡沫、潜在危机形成的主要路径。

2012 年 11 月，党的十八大报告指出，"要毫不动摇巩固和发展公有制经济，推行公有制多种实现形式，深化国有企业改革，完善各类国有资产管理体制，推动国有资本更多投向关系国家安全和国民经济命脉的重要行业和关键领域，不断增强国有经济活力、控制力、影响力。毫不动摇鼓励、支持、引导非公有制经济发展，保证各种所有制经济依法平等使用生产要素、公平参与市场竞争、同等受到法律保护"。2013 年中国共产党第十八届中央委员会第三次全体会议提出"混改"。自 20 世纪 90 年代开始，中国允许国内民间资本和外资参与国企改制，实践证明混合所有制能够有效促进中国经济改革和发展生产力。吴延兵（2014）、张兆国等（2016）采用实证研究的方法从多个角度分析了混合所有制经济在企业研发创新、日常经营和资本配置等领域中发挥的作用。实行了混合所有制改革的国企，其全要素生产率（Total Factor Productivity，TFP）有显著提升，国资背景的混合所有制企业的效率高于国有独资和私营独资企业，且国有相对控股的企业在样本所选国有企业中效率最高。全要素生产率与国有资产比例呈倒 U 型关系的拐点大约在 19% 处（刘晓鲁和聂辉华，2015）。外部治理环境一定程度上降低了企业的非效率投资（俞红海等，2010），如税率降低本质上是在变相提高企业利润，银行利率下降则相应融资成本会降低，两者都会刺激投资的增加。过度投资引发价格大战，则新企业的新增投资会遭受损失，老企业的新增投资和现有生产能力会遭受损失，最终造成行业衰退。

企业的投资是决定其成长的重要因素，因而企业的非效率投资行为是理论和实务关注的焦点，其中，解释企业非效率投资行为的经典理论是委托代理理论与信息不对称理论。非效率投资的理论分析以信息不对称理论为基础，拓展为代理人问题。企业层面非效率投资可划分为五类：代理成本型、竞争型、关联型、认知偏差型及干预型。因此，非效率投资成因的理论假说也主要围绕以上五个方面提出。影响企业过度投资的要素主要有股东、管理者、债权人，这些要素之间相互联系、相互作用，并构成委托—代理理论、信息不对称理论和公司治理机制理论的基础。

2.2.2 国有企业非效率资本配置成因分析

现有文献多根据中国的具体情况从各个层面、各个角度对国有企业中过度投资的成因展开讨论。国有企业利用财政和银行的资金进行投资，不可避免存在对政府的依赖性。地方政府依赖国有企业发展经济、提高区域 GDP、缓解当地财政赤字、追求经济增长，地方官员在"晋升锦标赛"中为了政绩（周黎安，2004，2007）和自身利益都会干预国企的投资，导致基础建设方面过度投资。地方政府、国有商业银行和地方国企三者构成双重预算软约束框架。企业投资过度或深陷已经面临亏损的项目，其对资金的需求也相应提高，这时地方政府通过继续拨款、给地方银行施压发放贷款、减税、提供基础设施、提供财政补贴的方式补贴理应立即止损的项目。对于 NPV 为负的项目，从投资逻辑来看，地方政府理应立刻止损，但是由于紧密的政企关系以及当地政府为了继续维持由于"保就业、保民生"而形成备受舆论质疑的僵尸企业,政府往往会作出救助国企的决定,从而形成预算软约束。由于预算软约束的存在,企业在某些情况下希望政府对其经营活动进行干预。税率的降低提高了企业的利润,银行利率的下降减少了筹资成本,两者都会刺激投资的增加。

1. 国有股一股独大

在资本市场发展初期,控股股东一股独大,股权结构失衡,公司治理机制虚化,上市公司偏好股权融资,利润留存倾向严重,导致严重的自由现金流代理成本问题。所有者实际缺位,内部经理层掌握实际决策权,由于股东与经理人之间的目标不完全一致,从而引发代理成本问题。鉴于历史背景,中国的国企高管具有行政级别,存在董事长和总经理两职合一或权责不明的现象,因此对总经理等高层管理团队监督的有效性得不到保证,容易助长经理人的机会主义动机,导致权力的滥用,有可能诱使经理人无节制地增加在职消费、过度投资以获取私人收益。同时,国企"一股独大"的特征导致国企的机构投资者仍主要以被动持股者身份通过股价涨跌在交易中获利,大大降低了机构投资者参与国企公司治理的意愿,如机构投资者一般具备较丰富的资源,若以战略投资者的身份参与国企经营、投资企业则会产生协同效应,如带来技术和资金支持等。而与此同时,由于机构投资者尚未发挥其参与公司治理的积极作用,因此这些上市公司的过度投资问题不可避免。职业经理人关注的重点与股东不完全相同,以企业规模为例,与股东相比,职业经理人更关心企业规模的扩张速度,因为高管层的升迁机会与企业规模正相关(Jensen,1986),高管在规模较大的企业任职,则所获得的非货币性隐形收入与在职消费更多(Titman,1984),从而促使经理人以牺牲股东的利益为代价,配置过高资金于能够扩大企业规模的次优项目,进一步产生过度投资现象。

2. 管理者自信与非效率投资

当管理者自身性格因素反映到投资抉择中，通常表现为高级经理人对宏观经济和行业前景过于乐观，没有足够重视决策中的科学性、民主化和程序化。因为管理者过度自信影响了公司战略方向、投资机会的选择和对现金流的使用，导致过度投资的发生（Richard Roll，1986）。伊顿（Heaton，2002）把管理者过度自信纳入投资机会决策中并指出即使在完美的市场下，管理者的过度自信也会让企业投资—现金流敏感度更高，导致现金流成本和收益出现较大改变。基于2000—2003年沪深上市公司高管持股数据，郝颖等（2005）发现中国上市公司高管人员过度自信与企业过度投资具有正向关系。在中国上市公司特有的股权安排和治理结构下，过度自信的高管人员在公司投资决策中更有可能引发资金配置效率低下的过度投资行为。基于2002—2004年非金融类A股上市公司数据，在控制企业成长机会的情况下，王霞等（2008）发现管理者的过度自信与其就职企业过度投资正相关。高管对于企业经营管理、投融资决策拥有重大决定权，当然管理者过度自信的现象并非国企特有，只是国企高管受到政府和媒体公众的双重监管（"八项规定"出台之后更为严格），因而相比于其他所有制性质的企业很难通过在职消费达到权力寻租的目的，但是通过投资来达到寻租的目的则相对容易。此外，地方国企高管的权力（管理层级越高，则高管权力越大）与非效率的投资正相关（方军雄，2011；周军，2017）。

3. 大股东"隧道效应"与过度投资

理论上，当公司预计未来现金流充沛且暂无有价值的项目时，公司倾向于采取现金股利分红政策，将红利以现金的形式返还给投资者，但是实际情况往往是上市公司持有多于可维持企业日常经营的现金时，倾向于继续在市场上寻找投资机会，导致过度投资现象。由于特殊的股权结构，上市公司的大股东往往放弃自己的配股权，而广大中小股东为了降低持股成本不得不接受配股，在配股之后，控股股东就可以利用现金股利进行利益输送。公司的"隧道效应"① 一般分为两类：一是经营性隧道效应（Operational Tunneling）；二是金融性隧道效应（Financial Tunneling）。前者是指控股股东基于偷窃与欺诈、非市场化资产买卖、关联交易、提升高管报酬等形式的自利性交易；后者是指控股股东基于股权稀释、排挤小股东、内部交易、阶段性收购等形式的金融性交易。在集中型所有权结构下，占控制性地位的大股东追求其控制权私有收益而导致过度投资行为。控制权私有收益的获取，通常要求控股股东控制一定比例的资源，作为其通过关联交易、资产转移等方式获取控制权私有收益、进行利益侵占的物质载体。货币资本和实物资本投入所形成的控制性资源是产生控制权私有收益的基本来源，为获取更多的控制性资源，控股股东往往会通过资源的分配，制定有利于自身利益的经营、投资和分配等方面的财务政策。资源控制激励将驱动过度投资行为，产生大股东的监督效应，大股东在公司中有更大的收益要求权，大股东有强烈的动机对经理进行监督，大股东的持股比例越高，监督收益超过监督成本的可能性就越大，因此，许多学者认为大股东的存在可以缓解股东与经理之间的代理冲突，形成大股东的隧道效应。大股东可能凭借其对公司的控制权利用公司资源牟取私利，尤其是在对中小投资者保护较弱的环境下，该问题更严重。因此本书也认为积极投资人可能采取多种手段侵占小股东利益，如支付高级管理者过高的报酬、控股股东通过上市公司担保取得贷款、股权稀释、关联交易、掠夺企业的投资机会或者迫使企业投资于不盈利但有利于控股股东的投资项目等。

4. 资产替代假说与过度投资

股东舍弃低风险项目而投资高风险项目，可获得超额风险的收益，而

---

① 隧道效应：大股东掌握控制性资源侵害小股东利益。

债权人只能获得固定收益，一旦项目过于激进，则其风险暴露增加，超出债权人的期望损失，债权人风险与收益的非对称性导致其风险厌恶性，而股东损失上限为其出资额，因而相比债权人，股东往往更愿意冒险。基于股东会选择过度投资相机治理假说：支付负债的本息可以减少自由现金流，抑制经理人过度投资。短期债务更能有效减少和防范企业资产替代，减少过度投资的发生。负债可以从两个方面降低股东—经理人冲突引起的代理成本。因而两者在收益目标上存在分歧。

2.2.3 融资约束相关研究及述评

传统公司金融理论（Modigliani & Miller，1958）指出，如果资本市场是强有效的，那么企业可以通过外源融资完全替代内部融资，因而企业的财务状况并不会影响企业的投资行为，相反与之相关的只有企业的投资需求。但事实上企业寻求外部融资的成本往往高于内部融资的成本，这是由于现实中，资本市场并非是真正意义上完美的，信息不对称与代理问题使得寻求外部融资相较于内部融资更加困难。更具体地来讲，信息不对称问题是指在不完美市场下，从事经济活动的各方人员对交易物品的信息掌握程度不同，总会有一方掌握的信息相比对手方更全面，进而导致处于信息劣势的交易方作出不利于自身的决策。为了解决信息不对称问题，处于劣势的交易方通常会索要一定的补偿，这在资本市场中表现为外源融资成本要高于依赖自有资金进行投资的成本（Fazzari，Hubbard & Peterson，1988）。另外，詹森和麦克林（Jensen & Meckling，1976）的代理理论指委托人由于掌握信息比代理人少，因而往往通过逆向选择监控代理人（或经理人）是否按约定为其利益最大化服务，其中，代理成本主要来源于管理人员不是企业的完全所有者这一事实。更具体的是指经理人为了使自己的利益最大化而倾向于选择高风险而 NPV 为负的项目，即经理人的"赌博"心态。资本市场上的投资者不得不向企业索偿监督成本，造成外部融资成本较高。总之，由于资本市场不完善，相较公司内部融通的资金（公司日常经营活动产生的资金）而言，外源融资成本增加的差异取决于资金供给方与企业间存在的信息不对称程度：程度越深，成本增加的差异越大；反之则越小（Greenwald et al.，1984；Myers & Majluf，1984）。根据权衡理论，公司通过权衡债务的税收优惠与面临的财务困境成本来决定其最优资本结构，但是税收、公司经营风险（包括代理成本等）都受到宏观经济状况的显著影响，进而影响公司的融资选择。

从经济周期影响投资的角度分析，宏观经济向好则公司处于舒适发展环境，其盈利增加的同时面临的经营风险也较低，企业经营所面临的财务风险预期会降低，此时公司更倾向于外部融资，如债务融资成本低且享受税收优惠，此外，还能够降低代理成本（Gertler & Hubbard，1993；Zwiebel，1996），当期自有资金较多，从而公司倾向于支付现金股利；而企业处于经济下行周期时，行业整体景气水平下降，企业利润降低且经营成本提高，则公司破产概率大幅上升，公司将更依赖于持有自有资金应对可能发生的流动性缺口，从而倾向于不支付现金股利。但是经济萧条造成投资者的恐慌情绪使得投资者更倾向于购买风险较低、价值更高的证券，如美国国债、投资级公司债（Erel et al.，2012），因而公司此时更愿意通过发行证券的方式进行外部融资，由此投资级公司或融资约束较低的公司会增加外部融资，公司的现金股利也会相应增加，即投资级公司的融资选择是反经济周期的。例如，基于宏观层面的因素对公司调整资本结构的影响途径进行研究，在控制相关变量的基础上，融资约束较高的企业相比其他企业，更难根据经济波动调整其资本结构（Korajczyk & Levy，2003）。因此，高融资约束的公司对宏观经济周期的变化并不敏感。投资级公司从外部融到资金相对困难，因而经济状况变化一般不会影响其资本结构和融资选择。资本市场中的资金提供者相比内部或已有投资者更加谨慎（Caballero & Krishnamurthy，2008），进一步验证了有序融资假说。黄兴孪等（2014）基于沪深交易所 A 股上市公司2001—2011 年的数据进行研究，发现宏观经济状况与公司的现金股利支付意愿呈正相关关系，同时融资约束相对较高的企业对于宏观经济更敏感。由于外部融资成本与内部融资成本间存在显著差异，企业常常会在对外融资时受到限制，因此就产生了融资约束问题。简而言之，融资约束程度衡量的是企业获取外源融资的难易程度。对上市公司而言，上市公司受到融资约束的程度取决于证券市场所存在的信息不对称程度，即公司与股权人、公司与债权人间信息不对称程度：程度越深，公司所受到外源融资约束越严重；反之则越轻微（Kaplan & Zingales，1995）。

在国内文献方面，赵振全等（2007）采取与鲍克等（Balke et al.，2000）类似的研究方法，即应用门限向量自回归（Threshold Vector Autoregression，TVAR）模型检验中国信贷市场与宏观经济波动的非线性关联，他们的研究得出信贷市场与宏观经济波动有非线性关系。赵振全等（2003）通过多元回归和风险价值（Value at Risk，VAR）模型研究了股票市场发展和宏观经济发展之间的联系。罗时空等（2014）选取1996年及之前于沪深A股上市的公司作为研究对象，同时构建了符合中国国情的宏观金融摩擦模型。此外，罗时空和周亚虹（2013）研究发现房地产价格对企业融资有较大影响，在控制其他影响企业负债的变量的条件下，实证结果显示企业借款对房地产价格增加的平均贡献率约为42.4%。于蔚等（2012）通过1999—2009年沪深A股数据构建动态面板模型，考察了宏观经济因素冲击对融资约束的影响，发现政治关系可在一定程度上有效缓解中国民营企业的融资约束。

2.2.4 公司治理相关研究及述评

关于公司治理方面的研究数量较多，此处仅说明和本书理论关系紧密的经典研究。法马和詹森（Fama & Jensen，1983）认为风险承担与专业性需求会导致不可避免的所有权与控制权分离，造成关于现代公司治理的研究一直纠结于代理成本。因而公司治理的研究主要是寻找降低股东与管理人之间的代理成本的措施。墨菲（Murphy，1985）提出通过拟定薪酬合同的方法激励管理者致力于股东利益最大化，独立董事制度、外部竞争者或恶意收购方都会在一定程度上改善公司治理（Jensen & Murphy，1988，1990；Grossman & Hart，1988）。公司治理顺应发展的需求理应容纳具有开发性、组织性及战略性的实际资源配置过程，并能够支持投资回报不确定的项目（Blair，1993）。本书重点关注企业现代公司治理问题中，由代理问题引发的在职消费现象或"吃喝"腐败问题。独立董事的比例越高，则董事会治理越有效，对过度投资抑制越明显。完善独立董事制度和强化独立董事的勤勉性和专业性，是确保企业投资决策正确、减少企业过度投资发生的核心所在。从行业层面来看，产品市场竞争对管理层激励具有两种不同的效应，一方面，竞争会提高破产概率，从而对管理层造成压力，一定程度上对公司经营起到积极作用；另一方面，竞争可能降低利润水平，从而降低管理层的工作积极性，竞争有助于降低经理与股东之间的代理成本，但是也会导致竞争型过度投资的形成。因而竞争环境与公司治理之间的关系尚无定论，是否因为遗嘱了某重要变量，而不能得出统一结论，需进一步讨论。

2.3 研究视角

2.3.1 "混改"政策对企业行为的影响机制——基于"反事实"估计框架的政策评价

在讨论改革政策与微观企业行为之前，往往会产生最原始的疑问，那就是为什么要改革。从政治上要意识到社会的不断发展、技术的飞速进步，影响了人民思想意识和商业的发展模式，微观主体越来越多地参与到公共生活中。应当如何应对"百年一遇的大变局"，从实践经验来看，与时俱进的改革是我们应对变动的有效途径。考查已有研究，关于宏观经济政策与微观企业行为的研究相对较少，同时针对"混合所有制改革"及其对企业相关行为影响机制的讨论也较为缺乏。这也是本书研究议题的主要出发点。本书将基于"混合所有制改革"的政策背景，在宏观经济政策与微观企业行为之间建立联系，在对理论机制进行讨论的基础上，建立实证模型来对"混合所有制改革"相关政策对企业行为的影响机制与影响作用展开深入研究。

混合所有制改革的关键是"改革"，"混合"只是途径和手段，而并非最终目的。据此本书的实证研究主要从以下三个方面展开：①"混改"政策与企业投资效率；②"混改"政策与企业融资约束；③"混改"政策与企业内部公司治理结构。①和②的研究重点在于："混改"政策的出台是否会对企业原本的资金使用效率带来影响；③研究的侧重点在于看似"一刀切"的改革政策是否会对企业内部的治理情况带来正面影响。混合所有制的经济制度起源于国有企业改革，本书也讨论了混合所有制政策前后对于不同所有制企业的影响程度。

本书的实证研究方法主要基于反事实处理效应的研究框架，研究的基本思路是，首先，基于理论建立结构方程；其次，通过对模型加入一定假设，如线性及同质化，便可以将模型转化为传统的双重差分模型；最后，基于建立的实证模型，对处理效应进行估计，以此来评价"混改"政策对微观企业相关行为的影响作用。以下将对本书所用的反事实处理效应研究框架进行简要介绍。

2.3.2　研究样本

自 2013 年混合所有制改革细则出台，到后续改革政策的进一步落实，非国有资本以多种方式入股国有企业，主要包括：公共服务、高新技术、生态环境保护和战略性产业等重点领域。同时以市场选择为前提，以资本为纽带，通过投资入股（如货币、实物、土地入股等形式）、并购重组及通过协议联合出资等多种方式对发展潜力大、成长性强的非公有制属性的企业进行投资，并深入开展战略合作。

本书的研究对象为混合所有制企业，其中，企业的所有制性质主要根据企业的实际控制人性质来界定。具体操作中，对实际控制人性质的统计方法为：结合年报中明确指出的实际控制人信息，按照股权关系链进行计算。描述性统计的样本选自中国沪深两市 A 股上市公司 2009—2016 年的数据（因为 2010 年的投资情况需要根据 2009 年的数据计算）。按所有制性质的不同，将样本企业划分为国资背景企业组与非国资背景企业组，其中具备国资背景的企业组包括中央国有企业组（央企组）和地方国有企业组（地方国企组），其他归为非国资背景企业组。本书采用的数据来自深圳国泰安信息技术有限公司联合开发的 CSMAR 数据库，财务数据来源于万得（Wind）数据库，在样本中剔除金融类上市公司，剔除 ST、*ST 公司。从数量上来看，沪深两市总共 3477 家上市公司，本书则选择 2010—2016 年的沪深上市公司观测数据作为研究样本，通过剔除相关变量存在缺失值及异常值（如财务数据缺失等）的观测样本，经过初步筛选、整理后，共获得 14993 个观测值，数据结构为非平衡面板数据结构。表 2.1 对样本数据结构进行了简要介绍。从表 2.1 可以看出，非国有性质的混合所有制公司占样本总数的比例接近 60%，显然上市公司中采取多重所有制混合经营的公司成为主流。

表 2.1   2010—2016 年样本数据结构统计

| 年份 | 实际控制人性质 | | | | 总计 | |
| | 非国企 | | 国企 | | | |
	企业数/家	年度占比/（%）	企业数/家	年度占比/（%）	企业总数/家	占样本总数/（%）
2010	636	43.77	817	56.23	1453	9.69

年份	实际控制人性质				总计	
	非国企		国企			
	企业数/家	年度占比/（%）	企业数/家	年度占比/（%）	企业总数/家	占样本总数/（%）
2011	941	51.79	873	48.05	1814	12.12
2012	1220	57.33	903	42.43	2123	14.19
2013	1368	60.08	906	39.79	2274	15.19
2014	1385	60.17	911	39.57	2296	15.35
2015	1491	62.10	906	37.73	2397	16.01
2016	1714	64.97	922	34.95	2636	17.59
总计	8755	58.39	6238	41.61	14993	100.00

表2.2对样本企业的第一大股东性质进行了统计。所有企业中，第一大股东也为国资背景的企业占样本总数的41.61%。同时，国资在混合所有制企业的第一大股东的占比从2010年的56.23%逐年降低至2016年的34.95%。该现象表明，混合所有制企业发展至今，相关监管体系逐渐完善，政府也从"管企业"逐渐放手向"管资本"转型。企业经营环境的复杂程度越来越高，因而从公司战略、企业资源整合的角度考虑，企业需要股东性质更加多元化，也导致了表2.2展示的混合所有制企业的国资背景股东占比逐年下降的描述性统计结果。

表2.2　　　　　　　　2010—2016年样本企业第一大股东性质统计

年份	实际控制性质	第一大股东性质			总计/家	国资占比/（%）
		国有/家	外资/家	其他/家		
2010	非国企	8	28	600	636	
	国企	753	7	57	817	52.37
	合计	761	35	657	1453	

年份	实际控制性质	第一大股东性质			总计/家	国资占比/（%）
		国有/家	外资/家	其他/家		
2011	非国企	8	45	888	941	45.26
	国企	813	10	50	873	
	合计	821	55	938	1814	
2012	非国企	10	60	1150	1220	40.37
	国企	847	10	46	903	
	合计	857	70	1196	2123	
2013	非国企	17	68	1283	1368	38.04
	国企	848	12	46	906	
	合计	865	80	1329	2274	
2014	非国企	17	61	1307	1385	37.67
	国企	848	12	51	911	
	合计	865	73	1358	2296	
2015	非国企	17	65	1409	1491	35.75
	国企	840	12	54	906	
	合计	857	77	1463	2397	
2016	非国企	19	86	1609	1714	33.38
	国企	861	16	45	922	
	合计	880	102	1654	2636	

2.4 研究的理论依据与制度背景

本章按照时间顺序梳理了研究涉及的经典理论，其中包括企业资本配置，公司治理及涉及宏观产业和改革政策出台对于企业行为影响等方面的相关理论，并进行了相应评述。本节概述理论基本为金融、经济学的经典理论，而在此基础上展开的创新满足研究逻辑自洽性。

2.4.1 委托代理理论与述评

1. 委托代理问题与非效率投资

委托代理理论（Principal-agent Theory）隶属于制度经济学契约理论研究范畴，建立在非对称信息博弈论的基础上，其核心是研究存在利益冲突和信息不对称的环境下，委托人如何设计最优契约激励代理人。在委托代理关系中，由于委托人与代理人的效用函数不一样，委托人追求的是自身的财富最大化，而代理人追求自己的工资津贴收入、奢侈消费和闲暇时间最大化，这必然导致两者的利益冲突。由于代理人和委托人双方目标函数不一致，而且存在不确定性和信息不对称性，代理人有可能偏离委托人的目标函数，而委托却难以观察并监督，就会出现代理人追求自身利益最大化而损害委托人利益的委托代理问题。经济学的假设是人都是理性的效用最大化者，因为委托人和代理人的效用函数不一定总会保持相同，而且委托人与代理人之间存在着信息不对称性，所以两者之间的代理关系容易产生一种非效率的协作关系。詹森和麦克林（1976）首次提出委托代理问题与非效率投资的关系，一方面由于委托人不可能对代理人做到完全激励，另一方面委托人对代理人实行监督的成本有可能大于其收益，故不可能建立起完善的监督机制。

委托代理理论的研究最早可追溯到亚当·斯密（1979），他最早发现股份制公司中存在委托代理的关系。他在《国富论》中指出："股份公司中的经理人员使用别人而不是自己的钱财，不可能期望他们会有像私人公司合伙人那样的觉悟去管理企业……因此，在这些企业的经营管理中，或多或少的疏忽大意和奢侈浪费的事总是会流行。"现代意义的委托代理关系的概念最早是由罗斯（Ross，1973）提出的："如果当事人双方，其中代理方代表委托方的利益行使某些决策权，则代理关系就随之产生了。"

委托代理关系是指一种契约，根据该契约，一个或多个行为主体指定雇用另一些行为主体为其提供服务，并根据其提供的数量和质量支付相应的报酬。进一步的研究将委托代理关系进一步简化，即只要一个人需要依赖另一个人的行动，那么委托代理关系便产生了（Pratt & Zeckhauser，1985）。采取行动的一方即代理人，受影响的一方即委托人。委托代理关系起源于工作中的专业化分工（Grossman & Hart，1988）。专业化意味着某种关系，由于代理人在企业日常经营等方面具备相对优势而代表委托人行动。聘用代理人在现代商业社会中已非常普遍，因而随之衍生出各类试图解决代理人问题的措施，同时，随着商业社会的深入发展，交易次数愈发频繁，基于大量经验数据，代理人成本常常可以控制在某种各行可接受的均衡价格。

在单次博弈与多次博弈中，参与者采取的策略不同，委托人和代理人为保持长期的良性关系需要建立风险分担和激励机制。基于此，鲁宾斯坦（Rubinstein，1979）建立了动态博弈模型。法马和詹森（1983）从代理人工作市场机会成本的角度出发，提出利用代理人的市场声誉督促代理人努力工作，他们认为代理人市场会对代理人行为产生约束作用，进而造成其违约成本的升高。由于现代企业的内部结构较为复杂，委托代理问题可分为道德风险和逆向选择两种类型（Arrow，1985）。解决委托代理问题的另一种办法，如潜在代理人理论（Shapiro & Varian，1998），即形成代理人之间相互竞争，达到在代理人之间形成相互制约的机制。平狄克等（Pindyck et al.，2009）认为可以建立委托代理框架中的激励机制，通过设计利润分配、奖金支付制度解决委托代理问题。当直接衡量的结果不可得或不直接时，可以通过奖励付出努力最多的代理人，起到激励代理人的作用，使得他们更加致力于达成委托人设定的目标。

（1）委托代理成本。在现代公司治理理论中，学者基本达成共识：所有权和经营权需分离，且所有者和经营者之间属于委托代理关系，风险共担、收益共享。经营者代表所有者权益应对公司财务困境时，借债后会选择投资高风险项目（甚至净现值为负的项目），同时搁置低风险项目。

这是由于经理人、股东与债权人先天存在利益冲突，当投资项目成功时，债权人获取有限的固定收益而股东可从中获取超额收益，当投资项目失败时，股东仅承担有限责任而主要的损失由债权人承担，因此收益与风险的不对称导致股东在风险较高的项目上配置较多资产。在经理人代理股东权益的公司治理框架下存在代理问题的重大风险点：当公司拥有超过所有盈利投资项目的资金，而对经营者又缺少适当的约束（如监管、制度约束或者激励机制）时，经营者会表现为自利性机会主义，即经理人为追求私人目标（如假期、风险规避、高额奖金等）随意支配企业的现金流，投资净现值较低甚至净现值为负的项目，从中获得更多的私人利益。目前，中国企业经理人绩效评价指标和激励机制评价标准过多依赖净利润，导致部分经营者为满足最大化个人效用而投资，而忽视项目真实回报率是否低于股东要求的回报率，控股股东也会通过关联交易进行外部套利实现自身利益的最大化。

（2）经理人与股东之间的代理问题。经理人与股东以及与债权人之间的代理问题，即较传统的第一类代理问题。

①现金流理论（Jensen，1986）。企业自由现金过剩的情况下，经理人倾向于过度投资。因为经理人的报酬是固定的，同时，由于经理人与股东的委托代理关系，二者存在利益冲突，经理人有能力利用信息不对称投资于自身利益优先的项目而偏离企业价值最大化的目标（经理声誉与职业关心假说，Bertrand & Mullainathan，2003）。

②经理人"帝国建造假说"（Schumpeter，1911；Jensen，1986）是指经理人所追求的地位、权力、薪酬及特权均与企业的规模正相关，因此当企业持有较多自由现金流时，经理人会将资金投入到对自身有利的项目而非有利于股东财富增加的项目上。

（3）股东、经理人与债权人之间存在的代理冲突。经理人的激励契约协调经理人与股东的权益，以减少过度投资。在所有权与经营权分离的情况下，股东和经理人的利益并不可能总是完全一致的，股东和经理人之间也存在利益冲突，由于经理人持股比例相对较低，其对企业的剩余索取权较少，但享有的企业控制权大于剩余索取权。由于道德风险的不可避免，经理人存在自利性动机，因而经理人与股东在投资目标与风险态度上存在较大差异。自由现金流假说（Jensen，1986）认为，经理人与股东的代理冲突体现在投资行为上，往往表现为投资的非效率，经理人很可能实施非公司价值最大化的过度投资行为，将公司财富转化为个人利益。其中，经理人存在道德风险，即为使个人的工作和生活更加舒适安逸，经理人倾向于将企业资源用于装饰豪华的办公室、购买高档的汽车、增加听其使唤的职员等，这些行为都可能导致企业过度投资。经理人过度自信假说认为：当市场推崇某些行业或项目时，为了取悦市场和证明自己寻找投资机会的能力，对现金流敏感的经理人很可能盲目投资，从而形成市场资本对某热门"概念"的追捧，长期来看可能会出现 NPV < 0 的情形。

2. 委托代理问题与融资约束

在股权集中度高且存在链条式的多层级股权结构的企业中，除上述的第一类代理问题外，委托代理冲突也凸显在大股东与小股东之间。大股东与小股东之间的利益冲突所导致第二类代理问题也被称为"隧道效应"（Tunnel Effect）。具体而言，第二类代理问题的产生依赖于两个基本条件：一是股权以及相对应的控制权掌握在单个或少数股东手中；二是企业具有链条式的多层级股权结构。更进一步讲，高度集中的股权与绝对的控制权意味着大股东在企业决定投资和经营行为时，占有主导地位。链条式多层级股权结构意味着企业的终极所有者对企业的控制权与红利获得的权重不相匹配，进而使得企业的大股东有将盈余转移向其终极所有者的倾向，终极所有者往往会倾向于通过金字塔式控制权的传递来控制企业的大股东侵占小股东的利益，进而导致大股东"掏空"企业行为的发生。其中，大股东对小股东利益的侵占具体表现在：一是大股东利用对企业的绝对控制权，使企业以不对称价格与链条顶层公司发生关联交易，进而将企业的盈余转移到终极所有者手中而减少了小股东索偿盈余的基数；二是控制权与现金流使用权的分离导致终极所有者可能会控制下层企业的大股东利用公司的自由现金流进行 NPV 为负的高风险投资，因为投资成本由全体股东共同承担，且在现金流使用权偏离的情况下，终极所有者的成本相对较少。

　　基于所阐述的两个代理问题，外部资金供给者在选择投资对象时，往往会更加谨慎，并且会向企业索取更高的成本溢价作为代理问题的补偿，进而导致企业外源融资成本提高，加剧了企业的融资约束。

　　除上述所提及的产生融资约束问题的两个理论基础之外，在我国所处的特殊经济体制背景下，预算约束理论构成了另一个与融资约束休戚相关的理论。科尔内（Kornai，1980）在对社会主义背景下企业的行为进行研究时，最先提出了预算软约束（Soft Budget Constraint）的概念。广义上讲，预算软约束指的是，当预算约束体的收益不能清偿其支出时，预算约束体并未按原约束被要求进行破产清算，反而受到支持体的帮助而使其继续经营下去。在中国，预算约束体通常为国有企业，支持体指国家财政或者资产部门。当国有企业因经营亏损而按原商业约束不得不进行破产清算时，国家相关部门通常会向其提供资金、减税、补贴等支持，以保证其继续经营、存活下去。国外学者往往将预算软约束的存在归因于政府不愿承担因企业破产所带来的负面的经济后果。我国学者针对盛行的预算软约束，也作出了解释：首先，从责任归属角度来讲，国企往往主导掌控着国家战略性产业的命脉，其经营及存续关乎国计民生，所承担的社会责任不言而喻。倘若国有企业被要求进行破产清算，则会产生高昂的破产成本，如造成大规模的失业问题等将对国家的发展与社会的稳定产生难以估量的不良影响。其次，历史原因造成我国国有企业的现状是，企业的高层管理者多为利益相关的（或国资委任命的）政府关联者，甚至其中少数由政府官员直接兼任。为了维护既得利益或是创造政绩，这类人员在企业面临财务窘境时，通常会利用职能使政策发生倾斜。预算软约束的存在使外部投资者倾向于相信，当国有企业面临财务窘境时，政府往往会通过一系列手段进行干预并施以援手。这从某种程度上减小了投资者的投资风险，增强了投资者的信心。简言之，政府隐形的背书担保很大程度上缓解了国有企业的融资约束，即企业的国有属性很大程度上缓解了企业的融资约束问题。

从上述对融资约束的理论分析可得：企业的国有属性对我国国有企业融资约束的影响是双向的。从企业代理问题的角度看，国有属性往往加剧了企业的融资约束。具体而言，国有独资企业或国有股比例相对较高的混合所有制企业向外部投资者传递的信号往往是，投资效率相对较低，投资目的不明确。同时，若掌控国有资产的中间层级过多，则委托代理关系链条冗长且复杂，国家往往要通过委任数级干部才能将国有资产委托至国有企业的实际管理者。其间环节的各主体都具有双重角色，且他们的利益目标通常都不一致，委托代理身份淡化，委托人对代理人监管不力，最终形成"所有者缺失"，进而导致企业管理者往往无视所有者权益，以自身利益最大化为目标行使企业的经营权。上述多级委任问题加剧了企业所面临的第一类代理问题，提高了代理成本。除此之外，由于不同企业的国有资产的产权界限不明确，国有资产高层级管理者为了自身利益（如政绩）可能通过职权促使企业在不同层级或同层级间发生跨企业的转移支付，最终侵犯外部投资者的权益，加剧了第二类委托代理冲突。另外，由于我国不完善的市场化，会计师事务所与信用评级机构的独立性问题相对较严重，尤其在对国有企业的审计和评级上，更是缺乏公信力。这更加剧了信息的不对称性。再度促使国有企业的代理成本提升。综上所述，就国有企业的代理问题而言，企业的国有属性从理论上会使问题恶化，进而导致投资者倾向于向企业索偿更高的资金成本，并且针对这类企业的投资行为更加谨慎，最终从某种程度上加剧了企业的外源融资约束。

虽然企业自身的国有属性理论上对其融资约束同时施加了正反向的双重作用，国有企业的融资约束程度的高低相较非国有企业在理论上难以明确，但是从直觉出发，国有企业的融资约束程度通常被认为相较非国有企业更低，而实践中考虑到企业经营内容及抵押物的实际情况等，国有企业在融资方面相对轻松。同时，信贷融资占据我国融资渠道的主要地位（Allen et al.，2005），即信贷标准更依赖于传统抵押物模式，而民营创新型业务较多，在不稀释股权的前提下，可选融资渠道则被限制。此外，由于我国的信贷资源偏向于国有企业，非国有企业面临着更严峻的融资约束（陆正飞等，2009）。至于国有企业的融资约束之所以相对于非国有企业而言较低，从以上分析就大致可以看出端倪：政府对国有企业的资金扶持以及对其"隐性"担保给外部投资者带来的预期收益要高于国有企业凸显的代理问题所产生的代理成本，即就国有企业而言，预算软约束作用于融资约束的力量要强于代理问题。

3. 委托代理理论与公司治理——基于企业腐败视角

随着委托代理理论的日趋发展和完善，其在研究企业贿赂、高管在职消费等相关问题中应用广泛，成为现代企业理论的重要组成部分。中国国内关于腐败理论层面的研究较少，其中关于外部政策环境的改变对企业腐败行为影响的研究更为匮乏。截至目前，大部分文献是在委托代理框架下对腐败决定机制和反腐败措施进行考察（Abbink & Serra，2012）。根据政府本身是否会服务公共利益的假设不同，将委托人划分为两种类型，即"仁慈的"委托人和"非仁慈的"委托人（Aidt，2003）。另外，在委托代理理论指导下的反腐实践的普遍性失败表明，腐败的本质可能远超出这一视角的解释（Persson et al.，2013）。腐败属于多次博弈的结果，因而许多学者采用重复博弈的委托代理模型讨论腐败问题，基于重复博弈模型证明委托代理动态模型，如果委托人和代理人保持长期的关系，贴现因子足够大（双方有足够的信心），那么帕累托一阶最优风险分担和激励是可以实现的（Radner，1981；Rubinstein，1979）。也就是说，在长期的关系中，其一，基于大数定律，外生不确定性可以剔除，委托人可以相对准确地从观测到的变量中推断代理人的努力水平，代理人不可能用"偷懒"

的方法提高自己的福利。其二，长期合同向代理人提供了"个人保险"，委托人可以免除代理人的风险。即使合同不具备法律上的可执行性，出于声誉的考虑，合同双方也会各尽义务。另外，罗杰森（Rogerson，1985）、兰伯特（Lambert，1983）、汤森和罗伯特（Townsend & Robert，1982）等的研究都说明长期的关系可以更有效地处理激励问题。虽然基于重复博弈的信息学理论，最优长期合同与一系列的短期合同不同，但是部分学者的研究也表明：如果代理人可以在与委托人同样的利率条件下进入资本市场，长期合同可以被一系列的短期合同所取代（Fudenberg et al.，1990）。

对委托人和代理人长期关系的关注和研究，启发人们从其他的角度来分析长期委托代理关系的优势。委托代理理论的产生和发展对促进企业管理机制的转变和发展作出了巨大的贡献，并为解决企业的公司治理问题提供了分析的框架。由于委托人和代理人的风险责任不对等，经济学家总是站在所有者的立场考虑如何设计运用于代理人的激励约束机制，但是当人力资本被提出后，经理人出让了自己的"智力使用权"，同时获得了所有者的资产使用权。刘华和孙阿妞（2006）认为企业代理理论开创了对企业内权力结构的标准化分析，弥补了两权分离理论的不足；建立了标准化模型，为新制度经济学发展提供了重要的工具；它不仅区分了企业内的委托人和代理人，还说明了他们之间的权利和激励关系。委托代理理论的持续修正和不断发展，为企业公司治理发展提供了重要借鉴和新的路径。

2.4.2 信息不对称理论

1. 信息不对称理论与非效率投资

信息不对称与投资的关系，即在不完全资本市场中，内部关系人经营者参与控制企业的生产，了解掌握企业实际状况，而股东、债权人作为外部关系人获取企业状况的渠道有限，不能准确地对公司进行估值，导致内外部人员信息的不对称，反映到公司股票价格上，一些项目净现值为负的公司从被高估的股票中获利，用来弥补负的净现值项目带来的损失（Narayanan et al.，1988）。信息不对称性分为事前不对称性（逆向选择）和事后不对称性（道德风险）。企业在信息约束条件下进行投资决策，如企业确定的净现值为负的项目的取舍点，接受超过次取舍点的项目而发生过度投资。依据中国的情况，文守逊等（2003）的研究表明当经营者掌握长期项目的信息超过短期项目时，会过度投资长期项目。

2. 信息不对称理论与融资约束

企业融资约束问题的产生主要归因于信息不对称性以及在此基础上衍生出的代理理论。代理理论最早由詹森和麦克林（1976）提出，委托代理关系是代理问题发生的先决条件。在此条件下，委托人由于所掌握的信息比代理人少，因而逆向选择监控代理人是否按约定为其利益最大化服务。从事后信息不对称的角度进一步拓展了信贷配给理论，提出了信贷分配和金融崩溃理论（Williamson，1986，1987）。这一理论认为即使不存在逆向选择和道德风险，只要存在信息不对称和监督成本，就会产生信贷配给，在多重均衡的自由信贷市场，政府应从社会福利最大化出发，利用信贷补贴、担保等手段干预信贷市场，降低利率，鼓励对社会有益的项目进行投资，增加社会福利。本书将由于所有权与经营权分离所产生的企业的代理问题称为第一类代理问题。具体来讲，由于企业的所有权与经营权分离，因此企业所有者即股东让渡了经营权给企业的经营者，并且只能通过建立相对有效的机制来激励和约束经营者，使其以所有者利益最大化为目标，全心全意地代替所有者经营好企业。然而现实是，经营者与管理人在激励机制作用有限的情况下，经营者作为理性经济人，逐利性使其倾向于追逐自身利益的最大化而并非追逐所有者利益的最大化。具体表现在，由于管理者一般只获得固定薪酬或者享有经营所得的小部分，相对的，所有者却享受大部分成果，因而利益的冲突使管理者往往利用对企业的控制权做出利己却损害所有者利益的行为。例如，管理者在固定薪酬的基础上为了追求更高的绩效奖励，选择一些高风险、高收益而净现值却为负的标的进行投资；或者管理者可能为了获得更多的资源甚至是回扣而利用企业内部自由现金流进行低回报的扩张行为；或者只是单纯地为了享乐增加在职消费。相应的，企业所有者即股东往往会加强对管理者的监管，甚至要求管理者提供相应的质押资产，以减少管理者这种道德风险所产生的剩余损失。其间所产生的监督成本以及管理者资产质押成本，加之由于管理者道德风险所产生的剩余损失构成了本书中讨论的第一类代理问题，即代理成本。

2.4.3 寻租理论——基于腐败视角的企业公司治理及其述评

寻租理论讨论的是在制度不完善的情况下社会中的个人和利益集团在利益最大化动机的驱使下不择手段地"公关"，利用官员手中的权力为自己谋取利益。而官员手中掌握一定资源、利益分配权力的情况，在现有治理框架下仍是难以克服的。因此，由寻租理论得出的最重要的反腐败结论，往往从道德层面进行约束，如更应当是制定尽可能完善的官员行为规范和工作程序约束官员的行为，规范官员自由裁量权的行使，同时加强对官员的廉洁教育，强化其抵御寻租的内心自觉，而不是片面地消除寻租机会。

戈登·塔洛克（Gordon Tullock，1967）提出寻租理论（Rent-seeking Theory），他将寻租定义为市场参与者竞相通过各种疏通活动以谋求经济租金、争取收入的政治经济活动。在此基础上，布坎南和塔洛克（Buchanan & Tullock，1980）在探讨公共部门相关问题中指出，寻租一般通过政治活动进行，从而将寻租活动与政府失灵问题联系起来，阐释"权力寻租"即腐败问题的产生。寻租将经济学从资源在生产领域的配置问题，扩展到资源在生产和非生产性领域之间的配置问题，一般认为寻租会损害其他市场参与者的福利。通过寻租理论的视角来研究腐败问题，首先要厘清寻租与腐败的关系。从全社会总体利益和企业自身可持续发展的角度分析，腐败行为的长期成本过高，个体增加的福利低于总体的福利损失。公共选择学派、国际贸易学派与芝加哥学派等都曾应用寻租理论解释社会科学现象，本章从企业自身效率的角度评述寻租理论。

宏观因素、政策及媒体都会在某种程度上影响公司腐败程度（Lambsdorff et al.，1999），同时过度的公共政策干预会导致寻租行为的产生，从而滋生腐败（Goel & Nelson，1998）。现代公司治理理论包括超产权理论、两权分离理论、委托代理理论和利益相关者理论。公司治理意在降低企业管理者的道德风险，其通常依赖于企业内部的监督与制衡等手段。具体来讲，公司治理通过明确界定公司各部门、各岗位的职权与责任，使企业管理人员相互监督、制衡，进而避免管理层滥用职权，遏制管理层关联交易、伪造财务报告及在职消费等利用职务之便的腐败行为，从而达到降低企业代理成本的目标。公司治理水平的提升有助于缓解企业的融资约束。首先，在企业的融资过程中，企业作为债务人与作为债权人的资金提供者之间总是存在一定程度上的信息不对称问题。企业的财务报告作为企业向投资者传递的重要信号，其真实性往往关乎投资者对企业的投资决策。公司治理水平的提升在很大程度上提高了企业财务报告的真实性与可靠性，使投资者有能力利用这些高信任度的信息弥补信息上的劣势，进而缓解了信息不对称造成的逆向选择问题。因此，高效的公司治理会降低投资者的监督成本与签约成本，缓解企业的融资约束问题。公司治理水平的提高同时在很大程度上解决了企业的代理问题。公司治理保障了企业的内部治理环境，约束了管理者的行为，避免其做出损害所有者及债权人利益的行为（如将资金投资于高风险项目，利用内部留存现金进行在职消费等），进而提高了企业的经营效率，降低了企业的财务与经营风险。至此，有效的公司治理缓解了企业的代理问题，降低了投资者的投资风险，因而减少了投资者的风险索偿。从企业的角度看，公司治理的改善降低了其融资成本，缓解了其所面临的融资约束问题。张维迎（1996a）认为公司的融资结构与公司控制权及所有权的转移有紧密的联系。而公司治理的关注点较多，本书重点讨论企业在社会关系中的成本。

2.4.4 政策评价的计量方法

本书主要采用理论研究与实证研究相结合的方法。在理论研究层面，主要通过对已有理论与相关研究进行系统梳理，在成熟理论的基础上提出研究框架。在实证研究层面，研究基于理论方面的讨论，结合数据获取情况建立"反事实"估计框架的处理效应模型来对"混合所有制改革"对企业层面的投资效率、融资约束及公司治理（"吃喝"腐败）等方面的影响进行政策评价。以下对本书的实证研究方法进行具体介绍。

首先，引入"反事实"框架。用 y_{0i} 和 y_{1i} 分别表示某个公司 i 潜在的两种状态——未受到处理和受到处理，分别对应企业不具有某个特征所处的潜在状态及如果具有该种状态所处的潜在状态。这两种状态通常不能同时存在：一旦企业 i 受到该特征影响，那么将无法观测到其另一种状态，即在没有该特征 A 的情况下，企业 i 的状态。这种状态被称为"反事实"状态，因为事实一旦发生，那么将无法观测到其未发生的情况。而研究中所采用"反事实"研究框架，可以较好地估计出该反事实状态，即在事实未发生的情况下公司 i 的一些经营行为或者投资决策。

对于某家公司 i，处理效应（某个特征对该公司造成的影响）体现在该公司在两种情况下的表现之间的差异，即 $y_{1i} - y_{0i}$。而实际问题中，对受到该特征影响的公司，实际观测的情况是 y_{1i}，如果要估计处理效应，则需要寻找对应的 y_{0i}；反之，对于未受到该特征影响的公司，实际观测到的是 y_{0i}，要估计处理效应则需要找到其相应的 y_{1i}。

其次，需要定义企业是否具有某个特征的哑变量 d_i。d_i 等于 1 表示公司具有该特征，因此公司的行为决策可能会受到相应政策的影响；反之，d_i 为 0 则表示公司并不具有该特征，因此其行为决策未受影响。根据上述

定义和表达，给出结构方程为

$$y_i = (1 - d_i)y_{0i} + d_i y_{1i}, \quad i = 1, \cdots, N \tag{2.1}$$

假定这类特征是外生的，则以下外生性假设自然成立：

$$E(y_j \mid d) = E(y_j) \leftrightarrow E(y_j \mid d = 1) = E(y_j \mid d = 0), \quad j = 0, 1 \tag{2.2}$$

式中，y 和 d 尽管从独立的角度看上去结构是对称的，但实际上并不对称：

$$\mathrm{corr}(y_j, d) = 0 \leftrightarrow E(y_j d) = E(y_j)E(d) \tag{2.3}$$

值得注意的是，主要关注的是处理效应：$y_{1i} - y_{0i}$，但从整体上还可以进一步关注处理效应的分布，比如在不同分位数上的处理效应，或者某一类特殊群体的处理效应。而通常情况下，研究中主要关注的是平均处理效应，即处理效应的期望值。在技术处理上主要选择以下估计思路：首先求出所有公司 i 的处理效应，然后计算平均处理效应。

为了匹配，采用控制组 $E(y_0 \mid d = 0)$ 去估计"反事实"的处理组 $E(y_0 \mid d = 1)$。如果假设模型满足均值独立的假设，那么估计平均处理效应变得非常直接，处理组与非处理组的组均值之差就是平均处理效应：

$$E(y \mid d = 1) - E(y \mid d = 0) = E(y_1 \mid d = 1) - E(y_0 \mid d = 0)$$
$$= E(y_1) - E(y_0) = E(y_1 - y_0) \tag{2.4}$$

以上方法所得到的是无条件的平均处理效应。而实际研究中，考虑到具有不同特征的公司之间本身存在一定的差异，研究者更多的会关注条件平均处理效应，即关注某些特定公司的处理效应，因此在计算平均处理效应时需要对一些公司特征加以控制。研究也将进一步估计条件平均处理效应，即

$$E(y \mid d = 1, x) - E(y \mid d = 0, x) = E(y_1 \mid d = 1, x) - E(y_0 \mid d = 0, x)$$
$$= E(y_1 \mid x) - E(y_0 \mid x) = E(y_1 - y_0 \mid x)$$
$$\tag{2.5}$$

在识别出 $E(y_1 - y_0 \mid x)$ 的基础上，其实还可以估计出边际的影响为

$$\frac{\int_{X_c} E(y_1 - y_0 \mid x)\omega(x)\,\mathrm{d}x}{\int_{X_c} \omega(x)\,\mathrm{d}x} \tag{2.6}$$

式中，$\omega(x)$ 为权重函数，X_c 是 x 的取值范围，且均值独立的条件要对这些 x 也成立。

罗森鲍姆和鲁宾（Rosenbaum & Rubin，1983）定义了一种强可忽略假设，即

$$(y_1,\ y_0)\amalg d\,|\,x,\ 0<P(d=1\,|\,x)<1,\ \forall x \tag{2.7}$$

值得注意的是，$\mathrm{corr}(y_j,\ d)=0$，$j=0$，1 并不意味着 $\mathrm{corr}(y,\ d)=0$。

$$E(dy)=E\{d[dy_1+(1-d)y_0]\}=E(dy_1)=E(d)E(y_1)\neq E(d)E(y) \tag{2.8}$$

式中，$E(y)$ 包含了 $E(y_1)$ 和 $E(y_0)$。式（2.8）反过来也成立：

$$E(yd)=E(y)E(d)$$
$$\Leftrightarrow E(y_1d)=E(y)E(d)$$
$$\Leftrightarrow E(y_1\,|\,d=1)=E(y)$$
$$\Leftrightarrow E(y_1\,|\,d=1)=E(y_1\,|\,d=1)P(d=1)+E(y_0\,|\,d=0)P(d=0)$$
$$\Leftrightarrow E(y_1\,|\,d=1)P(d=0)=E(y_0\,|\,d=0)P(d=0)$$
$$\Leftrightarrow E(y_1\,|\,d=1)=E(y_0\,|\,d=0)$$

上式第三行可以通过对两边同时除以 d 取值为 1 的概率来得到。因此

$$\mathrm{corr}(y,\ d)=0\Leftrightarrow E(y_1\,|\,d=1)-E(y_0\,|\,d=0)=0 \tag{2.9}$$

其经济学含义是对某个特征，两类公司的均值之差为 0。

需要注意，利用以上"反事实"处理效应研究框架，在分析某个特征 d 对于所关心的公司的某些决策或者财务指标 y 时，需要考虑其他变量 x_i 以及扰动项 ε_i 所带来的影响。在横截面数据中，如果 x_i 或者 ε_i 差别很大，那么会很难分清楚到底是由于 d 带来的影响还是由于其他特征的差异带来的影响。同样的，对时间序列的模型，随着时间的变化，在特征 d 出现的前后，x_i 或者 ε_i 也发生变化，那么同样很难分清楚哪部分是由 d 所带来的影响。理想情况是 x_i 和 ε_i 对于所有个体 i 在一定时间内均不发生变化，而恰好在这一段时间中，仅仅发生了属性或者特征 d 的变化，这样就很容易识别出 d 对于被解释变量的影响。而现实中这种情况

很少见，因此如何控制 x_i 以及处理 ε_i 的异质性，就成为处理效应研究中的重点工作。

$$E(y_1 - y_0 \mid d = 1) = \alpha_0 + \beta_{FSNA} + \beta_d + E(\varepsilon_1 \mid d = 1) - \{\alpha_0 + E(\varepsilon_0 \mid d = 1)\}$$

$$= \beta_{FSNA} + \beta_d + E(\varepsilon_1 - \varepsilon_0 \mid d = 1) \qquad (2.10)$$

$$E(y_1 - y_0 \mid d = 0) = \alpha_0 + \beta_{FSNA} + E(\varepsilon_1 \mid d = 0) - \{\alpha_0 + E(\varepsilon_0 \mid d = 0)\}$$

$$= \beta_{FSNA} + E(\varepsilon_1 - \varepsilon_0 \mid d = 0) \qquad (2.11)$$

忽略残差项的条件均值，双重差分模型包含处理效应 β_d。研究定义具有某类特征 d 的一类企业为 T 组（treated）；相应的另一类没有这样的特征的企业为 C 组（control）。如果两类企业在某个指标 x 上有明显差异，那么造成这两类企业财务表现或投资上的差异的主要原因就是 x 之间的差异，而非企业特征 d 所带来的。而实际情况中，更多的是 x 和 d 共同造成了这两类企业表现上的差异。这种由 x 的差异所造成的偏误的十分明显，称为显性偏误（overt bias），可以通过描述统计进行检验。类似的，如果造成这类差异的原因不在 x_i 而在 ε_i 上，那么这类问题将无法直接观测，而是隐藏在残差中，形成隐性偏误（hidden bias）。有关这两种误差的分类和定义，以及更进一步的分析和讨论可以参见罗森鲍姆（Rosenbaum，2002）的研究。针对这两类问题的解决方案存在一定差异，对于显性偏误，只需在模型中加入相应的 x 作为控制变量即可；对于隐性偏误，处理起来就相对困难一些，但如果使用面板数据结构，而且样本中的个体在观测期内能够出现两次及以上，那么便可以在很大程度上解决隐性偏误的问题。其中，较为普遍的方法是基于双重差分模型的估计。双重差分模型早期被广泛应用在医疗卫生领域的统计分析中，自从阿申费尔特和卡德（Ashenfelter & Card，1985）之后，该模型逐渐开始在以计量经济学为代表的社会科学领域被广泛应用。截至目前，该方法在财政学、金融学等相关领域也有广泛应用。本书也将采用双重差分法作为主要研究手段。

2.5　本　章　小　结

本章主要进行研究涉及的理论和计量方法的梳理工作，详细阐述了研究采用的理论方法，提出了本书的研究思路。经典文献中关于宏观政策对企业层面的微观主体产生影响的内容较少，通过从宏观环境与企业投融资行为、公司治理效率相关研究与混合所有制改革相关研究两个方面对已有相关文献进行了系统梳理。本书着重对货币政策、财政政策等宏观政策对企业相关行为影响机制与作用的相关研究进行了梳理；此外，分别就混合所有制改革的内涵与混合所有制改革对企业投融资及公司内部治理等相关行为的研究进行了系统介绍。通过文献梳理，发现已有研究中关于混合所有制改革及其政策对企业相关行为影响机制的讨论较为欠缺，在中国改革的力量不容忽视，这也成为主要研究动机之一，据此确定了研究视角，并对所使用的研究样本进行了详细介绍。同时，本章梳理了研究涉及的理论，对资本配置效率问题和公司治理问题涉及的委托代理理论、信息不对称理论、寻租理论和政府干预相关理论进行了梳理和评价，并在 2.4.4 节详细介绍了研究采用的计量方法。

第3章 混合所有制改革 与企业融资约束

3.1 引　　言

随着中国资本市场国际化进程的推进，企业日常运营活动与其在资本市场表现的联动关系越发紧密，同时，当前中国金融市场发展迅速，企业的融资渠道多元化程度提高，理论上企业的融资约束会有所缓解，但是从融资模式来看，以银行贷款为主的间接融资仍是中国企业选择的主要融资方式。与成熟金融市场相比，中国的金融市场尚处于发展阶段，法律法规的健全程度、监管安排的效率与有效程度及市场体系的完善程度等方面的提高空间很大，此时，适当的宏观政策可以有效地弥补市场不足，进而提升企业的资金使用效率。经济转型阶段，直接政策干预等仍是主要的金融监管手段，因此，从企业融资约束程度视角评估"混改"政策对现阶段国资、国企改革的影响具有重要的理论和政策指导意义。一方面提高企业资产利用效率、提高企业运行效率是企业制定投资决策与经营管理目标的关注点，也与"混改"政策的总体战略方针和具体要求契合；但是从另一个方面来看，由于企业建立了混合所有制经营模式，内部结构层次更多、更复杂，从而给企业经营者和利益相关者带来挑战，也给研究者提出了更多值得深入探讨的问题。第 3 章和第 4 章将就此展开研究，以混合所有制改革作为政策背景，混合所有制上市公司作为研究对象，基于宏观政策对微观企业影响机制的理论框架，探讨"混改"政策对企业融资约束的影响，从而对政策指导提供支持。"混改"也并非中国独创的概念，其他经济体也曾尝试这一改革方式，如美国的里根时代和英国的撒切尔夫人执政期间都曾主导过民资入股国企改革。

本章的研究议题主要包括：①新一轮混合所有制改革政策是否会改变上市公司面临的融资约束呢？对上市公司融资约束的影响程度如何？②公司实施混合所有制改革之后，不同所有制的企业在融资行为方面是否不同？如国有企业相比非国有企业融资约束的变动幅度是否有差距，原因又是什么？③相比实施混合所有制改革之前，企业融资约束对投资效率的影响是否存在差异（具体在第 4 章讨论）？本章内容安排如下：基于全样本数据，即 2010—2016 年沪深两市上市公司数据（剔除 ST、*ST 公司，金融行业公司）建立离散选择 Probit 模型。基于本书的初步计量估计表明：第一，上市公司实施混合所有制改革，其融资约束情况整体有所缓解；第二，建立 DID 模型估计上市公司融资约束程度对于"混合所有制改革"的政策敏感程度，不同实际控制人性质的企业在"混改"前后融资约束具有显著差异：国资背景的企业在"混改"政策出台之后融资约束降幅明显。在稳健性检验部分：第一，选用 Tobin's Q 表示企业成长机会，来计算反映投资效率的指标；第二，采用 KZ 指数作为融资约束的度量指标进一步对模型进行稳健性检验；第三，实证结论基本在统计上支持了理论预期。进一步研究了"混改"政策出台前后企业融资约束对其投资效率的影响，实证结果表明，样本中的上市国资混合所有制企业的融资约束情况在统计上显著改善，进一步说明"混改"政策的作用路径是通过企业实际控制人性质影响企业融资约束的，为"混改"政策评价提供了新思路。

3.2 企业融资约束的定义与形成机理

3.2.1 融资约束的衡量

目前，现有文献主要从企业股权结构及其所处金融市场环境两个角度来研究企业受融资约束的程度。由于企业遭受外源融资约束的程度无法被直接观察到，所以在进行融资约束相关实证研究时，通常会选取代理变量来衡量企业受融资约束的程度。因而如何正确地选择一个可以准确、恰当地衡量企业受融资约束程度的指标，成为一个既重要又十分棘手的问题。目前，学术界关于融资约束程度的度量主要可归纳为两大类指标：单变量指标和多变量指标。基于具有中国特色的制度环境，我国资本市场发展初期，市场中的上市公司大多为改制后的国有企业，因而中国上市公司的股权结构相较西方教科书式的公司治理结构更复杂。在这样特殊的背景下，考虑国有资本与民营资本在对公司监督管理方面的差异性，股权性质和股权结构对企业融资约束的影响不容忽视，国内一些研究从公司股权结构角度出发，研究其与公司融资约束之间的关系。何金耿（2001）指出，国资控股公司的投资决策显著依赖于其内部现金流（国资主要融资渠道），公司代理问题严重，净现值（Net Present Value，NPV）[①]为负的过度投资行为占主导，进而导致公司价值相对较低。郑江淮等（2001）得出的结论与之相符，实证结果表明公司国有资本所占比例与公司所面临的外部融资约束程度为显著负相关关系。另外，民营公司股权结构也对公司所受外部融资约束的程度有显著影响。饶育蕾和汪玉英（2006）分别用第一大

---

① NPV 指未来资金（现金）流入（收入）现值与未来资金（现金）流出（支出）现值的差额。

股东持股比例与股权集中度变量对投资—现金流敏感度指标进行回归，研究得到相同的结论：第一大股东持股比例越高、股权集中程度越高，公司对其内部现金流依赖越少；反之，则越多。另外，霍西、卡什亚普和史查弗斯坦（Hoshi, Kashyap & Scharfstein, 1991）对所选取的投资水平基本持平的 1977—1982 年东京交易所上市公司进行研究，结果表明，对于其中的 24 家独立公司来讲，投资对于其内部现金流的依赖程度显著小于另外 121 家集团成员公司。该研究同时指出，集团公司的附属属性减轻了成员公司的信息不对称问题，降低了外部资金供给者获取信息的成本，进而导致成员公司相较独立公司更容易获取外源资金。部分研究得到相似结论：非制造业、集团属性的、相对成熟的公司投资—现金流敏感度越低，则所受融资约束越轻。例如，奇林科和沙勒（Chirinko & Schaller, 1995）基于 212 家加拿大公司的样本，依据制造业/非制造业公司所有权集中度和公司成熟度对公司进行分类后得出上述结论。以国内公司为样本的实证研究结果与之相反，如李增泉等（2008）以 88 家民营企业为样本进行研究发现，集团公司控制子公司级数越多，其资产负债率越高，其母公司所面临的融资约束问题越严重。基于中国 1998—2008 年的上市公司数据，发现仍然存在对于非国资企业的"信贷歧视"现象（饶品贵和姜国华，2013）。

1. 单变量指标

融资约束的实证性研究中，大多数学者选用单变量指标作为融资约束程度的衡量方式，概括来讲，单变量指标可以分为以下四类。

（1）股利支付率（Dividend-payout Ratio）（Fazzari, Hubbard & Petersen, 1988），股利支付理论提出将该指标作为流动性约束的信号，即相对于股利支付率处于正常水平的公司，股利支付率偏低的公司更有可能受到流动性约束。尽管传统的完美市场理论假设企业在确定留存收益率时，无须考虑投资的信息成本，但是现实中往往不可忽视信息不对称的情况，这种情况最终会体现在企业外源融资受限或高昂的外部融资成本和企业融资约束。隐含假设是股利支付率与企业的自由现金流充裕程度有关，并将企业留存收益率过高归因于其信息获取成本。资金来源方的信息不对称程度致使企业在面临资金需求时，首先会考虑内部融资，但是外部资金利用率低间接增加了融资成本，从而致使企业面临的融资约束问题严重。但是值得注意的是，企业自由现金流自身受到企业当年利润的影响很大。当企业自由现金流波动剧烈时，可以采取外部融资降低企业的投资波动幅度。因而，当企业制定股利政策时，通常会选择较低的股利支付率，即较高的留存收益率，通过增加企业内部现金流来降低企业投资时无法获得其他低成本外部资金来源的可能。因此，企业制定股利政策与其面临的融资约束程度有关，股利支付率越低的企业意味着其对内部现金流的依赖程度越高，所面临的融资约束问题越为严重（Gilchrist，1990）。然而该指标仍存在有待商榷的地方，从企业发展及市场投资机会的角度来看，当前的融资约束是由预期未来投资现金流折现决定的，因而企业若对自身预期发展持积极态度，则越会倾向于维持较高的留存收益率。

（2）公司规模（Size）。理论上讲，小规模公司相对大规模公司而言，往往需要应对更高的融资约束。一方面，由于小公司信息不对称以及代理问题更严重，其通过外部融资承担的成本更高；另一方面，小公司发行证券的交易成本较高，导致规模较小的公司较难进入外部资本市场，所以小公司所面临的融资约束问题更为严重（Devereux & Sehiantarelli，1989；Athey & Laumas，1994）。具体而言，对于规模较小的公司，其股票往往不在公开的股票市场上进行交易，这使得资金供给方很难了解其真实的财务及运营状况，因而其逆向选择及道德风险问题较为严重。同时，证券发行的规模经济效应使得小公司相比大公司需要承担更高的融资成本（Ritter，1987）。除此之外，规模较小的公司的经营业务通常缺乏多元性，非系统性风险更高，从而导致其盈余波动较大，以及存在较高的破产可能性。因而，规模较小的公司若通过外部融资寻求资金时，需要承担较高的风险溢价，甚至会由于信用配给而无法获得外源融资（Titman & Wessels，1998）。综上所述，公司规模可以衡量公司所受融资约束的程度：公司规模越小，则所面临融资约束问题越严重；反之则越轻微。

（3）利息保障倍数。利息保障倍数被用以衡量企业偿还债务的能力以及其发生破产清算的可能性：利息保障倍数越低，债权人所承担的债务违约风险越高；反之，则债务违约风险越低。作为直接反映公司流动性风险的代理变量，有学者指出利息保障倍数可以作为衡量融资约束的指标，该倍数越低的企业发生融资约束问题的可能性越高（Altman，Haldeman & Narayanan，1977；Aggarwal & Zong，2006）。另外，利息保障倍数被证明与公司的其他财务指标之间存在高度的相关性并且其计算方法十分简单（Bernanke & Gertle，1995），因此它可以衡量公司整体的财务状况以及获取债权融资的能力（Gertler & Gilchrist，1994）。此外，公司所受融资约束的程度是关于利息保障倍数的递减函数。因而，在融资约束相关实证研究中，利息保障倍数常被用作衡量企业所受融资约束程度的代理变量。

（4）其他变量指标。在融资约束相关实证研究中，少数学者选用其他被认为可以衡量企业所受融资约束程度的单变量作为代理指标。如项目成熟度、股权集中度（Chirinko & Schaller，1995）、债券评级（Whited，1992；Almeida et al.，2004）、商业票据信用等级（Calomiris & Himmelberg，1995；Almeida et al.，2004）等。

2. 多变量指标

利用多元判别分析法构造指数并用以度量融资约束的程度最早见于克利里（Cleary，1999）的研究，克利里按照股利支付率相较上年增加、减少或是不变，依次将1987—1994 年的1050 家美国公司根据企业的融资约束程度分组，之后利用多元判别分析法，即选取流动比率（Current）、固定利息保障倍数（FCCov）、财务松弛度（Slack/K）、净利润率

（NI%）、主营业务收入增长率（Sgrowth）及资产负债率（Debt）六个财务指标构造多元判别模型得到判别值 Z_{FC}，并用以作为融资约束程度的分类标准：

$$Z_{FC_{it}} = \beta_1 \text{Current}_{it} + \beta_2 \text{FCCov}_{it} + \frac{\beta_3 \text{Slack}_{it}}{\text{K}} + \beta_4 \text{NI}_{it}\% + \beta_5 \text{Sgrowth}_{it} + \beta_6 \text{Debt}_{it} + \varepsilon_{it}$$

（3.1）

具体来讲，公司的判别值越高代表其所受的融资约束程度越浅，判别值越低则所受融资约束程度越深。克利里（1999）根据计算而得的判别值 Z_{FC} 从大到小的顺序将公司排序，并将名次三等分，即样本公司未受融资约束、或许受到融资约束及受到融资约束。然而根据股利支付率的变化对先验组进行分类时存在比较严重的问题（Aggarwal & Zong，2006）。首先，克利里（1999）并未根据是否存在股利支付将前后两年股利支付率未发生变化的公司细分，即支付股利并且股利支付政策未发生变化的公司与一直选择不支付股利的公司所受到的融资约束显然有显著差别。其次，他们认为，由于股利作为公司价值信息传递的工具，公司有维持其股利不变的倾向（Bhattacharya，1979），因而股利支付率的变化并不能很好地反映公司流动性的信息。

开普兰和津加莱斯（Kaplan & Zingales，1997）将五个不同指标（经营性净现金流、自由现金持有量、股利支付水平、负债水平和企业成长性）回归为一个综合指数（KZ 指数，Kaplan 和 Zingales 的首字母缩写），作为度量融资约束的代理变量。具体来讲，他们依照公司年度财务报告、财务报表附注、公司管理层所写的告股东书以及在针对公司经营与流动性的讨论中，该公司管理层所提供信息的汇总，将公司按其面临融资约束的可能性由小到大依次划分为：非融资约束组（NFC）、可能非融资约束组（LNFC）、或许融资约束组（PFC）、可能融资约束组（LFC）和融资约束组（FC）。拉蒙特等（Lmaont et al.，2001）同样采用卡普兰和津加莱斯（1997）的样本并参照其分组，同时运用逻辑斯蒂回归（Ordered Logistic

Regression）方法，选取了营业现金流量（Cashflow）、资产负债率（Lev）、Tobin's Q、股利支付率（Div）和现金持有量（Cashholdings）作为自变量，最后利用回归所得估计系数构造了 KZ 指数

$$KZ = -1.002\text{Cashflow} + 0.283Q + 3.139\text{Lev} + 39.367\text{Div}$$
$$- 1.315\text{Cashholdings} \tag{3.2}$$

除 KZ 指数外，文献中被引用较多且具有代表性的综合指数还有 WW 指数（Whited & Wu，2006）和 SA 指标（Hadlock & Pierc，2010）。在之后的研究中，怀特和吴（Whited & Wu，2006）在研究股票回报率与公司融资约束的关系时，构造了 Whited - Wu 指数（WW 指数）并用以衡量公司所受融资约束的程度。怀特和吴（2006）选取了现金流资产比率（CF）、股利支付率的代理变量（DIV）、负债比率（LDEBT）、总资产的自然对数（LnTA）、公司主营业务销售增长率（ISG）和行业主营业务收入增长率（SG）六项财务数据变量，进行广义矩回归（Generalized Method of Moments，GMM）分析，最后以回归系数构造了 WW 指数：

$$WW = -0.091\text{CF} - 0.062\text{DIV} + 0.021\text{LDEBT} - 0.044\text{LnTA}$$
$$+ 0.012\text{ISG} - 0.035\text{SG} \tag{3.3}$$

GMM 方法相比其他回归方法，模型假设更具有一般性并且可以调整自相关和异方差问题，因而较多的学者选用 WW 指数作为衡量融资约束程度的指标，如鞠晓生、卢荻和虞义华（2013）等。

此外，公司的资本规模越大，则经营占用的资金越多，因而也有学者如哈德洛克和皮尔斯（Hadlock & Pierce，2010）选用企业的年末总资产的自然对数（SIZE）和公司自上市至今的时间（AGE）作为变量构建了 SA 指数模型。他们认为选择企业的规模与上市时间来衡量融资约束的程度相对来讲更为有效，并且在文中采用稳健性检验对 SA 指数的有效性进行检验。SA 指数的计算公式为

$$SA = -0.737\text{SIZE} + 0.043\,\text{SIZE}^2 - 0.04\text{AGE} \tag{3.4}$$

具体来讲，SA 指数的绝对值越小意味着公司面临的融资约束问题越

轻微，反之则越严重。SA 指数相较于其他融资约束衡量模型在一定程度上避免了内生性问题，并且选用公司规模和公司上市时间指标作为变量，相比之下也更加符合直觉。综上所述，关于采用多变量构造综合指数来衡量企业融资约束的程度，学者们主要采用多元判别分析和逻辑（Logistic）回归两种方法。如况学文等（2010）分别利用 Logistic 模型和多元判别分析法，构造了两个反映公司外部融资约束程度的指标 LFC 和 DFC，并验证了两个指标的高判别性，同时，进一步验证了：融资约束较高的公司其投资现金流敏感性也较高。

3.2.2 融资约束形成机理

企业的融资约束可以理解为由于金融市场摩擦而导致企业面临的流动性约束，邓可斌等（2014）发现，融资约束较高的中国企业生产效率并不一定高。综合来看，使用多变量指标具有一定的局限性，很难定性且直观地挑选出融资约束较高的企业应具有哪些特征，同时，无法穷尽高融资约束企业的全部特征，这就导致在根据企业特征通过线性拟合的方法构造融资约束指标时，指标中很有可能包含了多余的、有争议的变量而遗漏了真正具有代表性的变量。值得注意的是，由于公司自身的异质性，同一反映公司特征的变量在不同指标中相差巨大（拟合得到的系数的符号有可能相反）。

近年来，关于企业融资约束领域的研究重心逐步从对融资约束衡量模型的研究转向了对被融资约束所影响带来的企业行为改变以及对融资约束产生影响的因素进行研究，进而导致了针对融资约束程度衡量模型的研究在近 30 年间没有发生实质上的进步。大部分学者对学术上融资约束的衡量方法仍有很大分歧并且仍以简单的单变量指标〔（财务）杠杆比例、公司规模和利息保障倍数等〕，或者多变量指标（KZ 指数、WW 指数）作为融资约束程度的衡量指标。各种指数或是模型在被用作融资约束程度的衡量指标时，各自都存在比较明显的优缺点以及适用范围。由于我国大多数上市公司并未对融资难易情况进行披露，同时，信息不对称也并非我国上市公司面临融资约束问题的唯一原因，因而绝大多数指标并不适用于直接作为中国上市公司受融资约束程度的度量指标（Brand & Zhu，2010；Bailey，2011）。在讨论中国企业的相关问题时，政策影响是不容忽视的问题，企业面临的宏观经济政策会影响企业的融资行为，具体来说，正如晋升锦标赛理论所指，中国政府官员的晋升主要依靠当地 GDP 的增长，从而实现当地 GDP 增长任务的"重担"就在一定程度上落在了具有政商双重背景的国有企业上，这种微妙的干预造成国有企业相比非国有企业拥有更多的投资机会（将在第 4 章讨论）及更宽松的融资约束。

3.3　实证研究探索"混改"政策与企业面临的融资约束

之前也有研究试图探索面对外部刺激时，不同所有制企业的融资约束问题，如车嘉丽等（2017）基于 2001—2015 年 A 股上市公司的数据进行实证研究并发现：相比国企，民营企业的政策敏感性更高，改革政策的出台有效缓解了民营企业的融资约束。

3.3.1　"混改"政策对于企业融资约束的影响机制研究

基于 3.2 节关于融资约束指标构建这一重要议题的相关文献梳理，本节通过融资度量指标的构建、回归模型的建立，试图讨论混合所有制改革政策的出台是否会对企业的融资约束带来某种程度的正向影响。

1. 模型建立

根据理论假设，首先考察混合所有制改革政策对企业融资约束的影响，结合以上分析，研究建立以下实证模型。

以下对模型中的变量选取进行详细说明。

（1）被解释变量——融资约束程度。

①外部现金流依赖程度。

外部现金流依赖程度作为度量融资约束的指标之一，记为 FC1（Finance Constraint），沿用了喻坤等（2014）改进的拉扬和津加莱斯（Rajan & Zingales，1998）指标，即将研究中构建的行业层面企业外部融资依赖度指标，作为融资约束的测度指标，计算方法为

$$FC1 = \frac{资本支出 - 调整后现金流}{资本支出} \tag{3.5}$$

具体来讲，调整后资本支出为企业购建固定资产、创造无形资产和其他长期资产所付的现金等项目的汇总。调整后的现金流的具体计算公式为

调整后的现金流 = 经营性现金流净额 + 存货的减少 + 应收账款的减少
 + 应付账款的增加

资本支出 = 企业购买固定资产、无形资产和其他长期资产所支出的现金

此外，按照年份和行业划分样本企业的外部现金流依赖程度（FC1）的中位数水平度量当年该行业的外部融资约束水平，并进一步根据行业的 FC1 与所有行业中位数的相对高低定义虚拟变量 HFC1。

②融资能力。

关于企业的融资能力指标，实证中采用利息支出占固定资产净值比例的自然对数，具体公式为 $\ln \frac{利息支出}{固定资产净值}$，该数值越大说明企业所受融资约束越低，融资能力越强。

③债务期限结构。

$$债务期限结构 = \frac{长期借款}{期末负债总计}$$

④融资约束程度综合指标。

考虑 KZ 指数的适用范围以及计算误差，研究将参考哈德洛克和皮尔斯（2010）采用有序逻辑模型（Ordered Logit Model）估计并构建的 SA 指数度量上市公司的融资约束程度［鞠晓生等（2013）、王义中和宋敏（2014）等研究均采用这一方法］，SA 指数充分考虑了公司成立年限与公司规模对于融资约束的影响是非线性的，对前期文献线性指标是一个突破。首先需要明确的是，上市公司面临的融资约束程度越低则 SA 指数越大；其次，根据以往研究经验以 SA 指数为准按照年度对样本进行分组，此处重新定义融资约束变量 HFC，将 SA 指数高于 50% 分位数的公司划为低融资约束组，取值为 0；将 SA 指数低于 50% 分位数的公司划为高融资约束组，取值为 1。构建 SA 指数时，发现在度量企业面临的融资约束时，公司的规模与其存续时间是最具说服力的两个因素。较为合理的解释是，企业存续时间越长，则信息暴露越多，那么资金提供方所承担的尽调成本越低。公司规模越大，由于与民生、地方经济牵扯较大，往往表现为"大而不倒"。

相比卡普兰和津加莱斯（2004）现金—现金敏感流模型度量方法[1]，本书在实证研究部分采用的外部现金流依赖程度更适合在中国国情下，讨论影响上市公司资本支出的因素。

被解释变量定义及计算方法见表 3.1。

---

[1] 计算方法：现金流量 = $\frac{经营活动现金流净额}{资产总额}$；现金持有量 = $\frac{现金及现金等价物净增加额}{资产总额}$。

表 3.1   被解释变量定义及计算方法

名称	代码	定义及计算方法
外部现金流依赖程度	FC1	$FC1 = \dfrac{资本支出 - 调整后现金流}{资本支出}$
融资能力	FC2	$FC2 = \ln \dfrac{利息支出}{固定资产净值}$，该数值越大说明企业所受融资约束越低，融资能力越强
债务期限结构	FC3	$FC3 = \dfrac{长期借款}{期末负债总计}$
融资约束程度综合指标	SA	$SA = -0.737 \times 公司规模 + 0.043 \times 公司规模^2 - 0.04 \times 公司年龄$

（2）主要解释变量。本章实证模型的主要解释变量为反映混合所有制改革政策的虚拟变量。另外，为了考察"混改"政策对于不同实际控制人企业影响的差异，还需加入反映企业性质（实际控制人性质）的虚拟变量，如果企业实际控制人的性质具备国资背景，该变量取 1；如果实际控制人的性质为非国有企业，该变量取 0。同时，在模型中加入了实际控制人性质与"混改"政策两个虚拟变量的交互项来反映交互效应。

为了考查"混改"政策对于企业融资约束的影响，将实际控制人性质变量 SOE 定为虚拟变量，当企业实际控制人的性质具备国资背景时，SOE 将被赋值为 1；否则为 0。

主要解释变量定义及计算方法见表 3.2。

表 3.2   主要解释变量定义及计算方法

变量	含义	定义及计算方法
policy	政策虚拟变量	"混改"政策虚拟变量：当 2013 年出台"混改"正式意见书时，为 1；否则为 0

变量	含义	定义及计算方法
SOE	实际控制人性质	将样本企业按照企业性质分为国有企业和非国有企业，属于国资背景则为1；否则为0
policy ∗ SOE	政策与实际控制人性质交互项	"混改"政策虚拟变量与实际控制人性质交互项

（3）控制变量。为准确度量"混改"政策对于企业融资约束的影响，依据以往实证研究的模式，还需控制上市公司投资的其他性质，公司所属行业、公司规模及公司的成长能力均会对自身的融资约束造成影响，宏观层面的货币政策、财政政策及 GDP 的增长情况等也会影响企业的资金需求规模和来源方式，从而对企业的融资约束造成影响。通过查阅文献，并借鉴王业雯等（2017）、黄兴李等（2014）、罗时空和周亚虹（2013）、于蔚等（2012）、赵振全等（2007）现有研究对控制变量的选取，并对已有研究成果进行归纳发现，企业的资本结构、现金流量水平、独立董事比例、大股东占款、是否发放现金股利、第一大股东持股比例、管理费用率等均会对企业的投资行为产生影响。具体来看，对企业融资约束形成影响的主要因素可以概括为：公司选择的融资方式、公司治理能力和企业基本特征。可以进一步分解为以下指标：长短期债权融资变动、赫芬达尔指数、公司规模（Devereux & Schiantarelli，1989；Athey & Laumas，1994）、公司成长能力、企业年龄、两权分离度企业的董事长和经理是否为同一人等几个方面。在考虑以上因素的基础上，实证研究中，还将在已有研究基础上，根据研究问题及数据可得情况考虑在模型中加入其他控制变量。传统文献一般从公司层面考虑影响公司资金使用的因素，如基于代理理论（Jensen，1986；Stulz，1990）和融资约束理论（Fazzari et al.，1988），研究者认为企业融资约束与自由现金流相关，因此，在控制变量（Control）中引入公司自由现金流。此外，因不同行业在经济周期变化中会有

不同的融资选择，还需要控制公司所属的行业因素。同时，对于钢铁和煤炭等传统行业，根据英国 20 世纪 80 年代的经验，即使民营参股此类行业，其资金使用效率、政府补贴的依赖程度也未有显著改善，具体控制变量定义及计算方法见表3.3。

表 3.3   其他控制变量的定义及计算方法

影响因素	变量	定义及计算方法
融资方式	短期债权融资变动（Δshortdevt）	短期债务的变动值 = $\dfrac{\text{本期末短期负债 – 上期末短期负债}}{\text{平均总资产}}$
	长期债权融资变动（Δlongdebt）	长期债务的变动值 = $\dfrac{\text{本期末长期负债 – 上期末长期负债}}{\text{平均总资产}}$
公司治理情况	$t-1$ 期第一大股东持股比例（$top1_{i,t-1}$）	大股东持股比例 = $\dfrac{\text{第一大股东的持股数量}}{\text{总股数}}$
	前 2~10 大股东持股比例	赫芬达尔指数
	管理层持股（Manage）	管理层持股比例 = $\dfrac{\text{高级管理人员持有公司股票}}{\text{公司股票总数}}$
	董事长与总经理兼任情况（DUAL）	1 = 同一人；2 = 不同人
	$EC_{i,t}$（Executive Compensation）	高管薪酬 = 高管前三名薪酬总额 – 不含高管领取的津贴
	独立董事人数比例（Indep）	$\dfrac{\text{独立董事人数（含董事长）}}{\text{董事总人数}}$
	持有现金水平（$Cash_{i,t-1}$）	持有现金水平 = $\dfrac{(t-1)\ \text{期经营活动现金流量净额}}{\text{期初总资产}}$

影响因素	变量	定义及计算方法
企业基本特征	成长能力 ($Growth_{i,t-1}$)	$t-1$ 期的资产增长率 $=\dfrac{t\text{期营业收入}-(t-1)\text{期营业收入}}{(t-1)\text{期营业收入}}$
	公司规模 ($Size_{i,t-1}$)	$\ln(t-1)$ 期总资产
	公司上市时间 ($Age_{i,t}$)	为公司上市年数
	$ROA_{i,t}$ (Return on Asset)	总资产收益率
	企业所处行业 (IndustryDummy)	按证监会的分类标准（除制造业继续划分为小类外，其他行业以大类为准），共设 16 个行业虚拟变量
	年度变量 (Year)	2010—2016 年

注：《关于在上市公司建立独立董事制度的指导意见》规定，2002 年 6 月 30 日前，董事会成员中应当至少包括两名独立董事；在 2003 年 6 月 30 日前，上市公司董事会成员中应当至少包括 1/3 独立董事。

2. 样本数据说明

借鉴王业雯等（2017）将经历过混合所有制改革的企业定义为：国有企业股份中混有个人资本、港澳台资本、外商资本等非公有资本。本章（同 1.3 节相关概念界定中的说明）把经历过混合所有制改革的国资背景企业作为处理组，非国资背景的企业作为对照组，选取沪深两市 2010—2016 年 A 股上市公司年度数据，剔除 ST 公司 317 个观测值、金融行业 411 个观测值，剔除"未混改"国企 391 个观测值[①]，从而得到 14947 个

---

① 根据 CSAMR 数据库披露的实际控制人性质为国资背景、国有机构、省级地区级事业单位，以及集体所有制背景的企业，本章将以上定义为经历过混合所有制改革的国资背景企业；前十大股东中若除国资背景外"混有"其他性质资本，如个人资本、港澳台资本、外商资本等非公有资本。

观测值，其中，"混改"国企有9814个观测值。并按照第2章的数据处理方式进行处理。

3. 模型估计及结果分析

融资约束是企业日常经营过程中常常面临的重点难点问题，因而本章试图讨论的问题："混改"政策前后企业面临的融资约束是否存在差异？变化幅度又是怎样的？"混改"政策前后不同实际控制人性质的企业（国企与非国企）的融资约束是否有差异？

（1）模型估计。首先，需要估计SA指数，采用了改进的计算方法（3.4）。其次，以SA – index为因变量构建回归模型：

$$SA_{i,t} = \alpha_0 + \beta_1 policy + \beta_2 policy * SOE_{i,t} + \beta_3 SOE_{i,t} + \sum \gamma_i Control_{i,t}$$

$$+ \sum YearDummy + \sum IndustryDummy + \varepsilon_{i,t} \qquad (3.6)$$

（2）回归结果分析。混合所有制改革政策对企业融资约束影响模型估计结果见表3.4。

除SA为融资约束程度综合指标外，FC1/2/3均为债权融资约束指标，因而从回归结果表3.4可以看出，"混改"政策出台之后，样本上市公司的融资约束有所缓解。如表2.2所示，第一大股东为国资背景的混合所有制上市公司数量逐年降低，积极投资者性质逐渐多样化，"混改"政策出台之后，从项目周期、资产配置以及现金回收期等方面考虑，企业的战略投资者更加倾向于投资有发展前景的项目，因而更倾向于股权融资，融资约束显著降低。而中国上市公司长期以来依赖银行贷款等外部融资，因而外部融资约束虽然降低但并不显著。

"短贷长投"，即短期借款用于长期用途，往往是企业陷入资金困境的重要原因，正如表3.4所示，融资方式越少采取短期债务，其受到的融资约束越低；从治理结构上看，前十大股东占比越高，其融资成本越高，说明股权集中程度过高不利于压降企业融资成本；管理费率也与融资约束呈负相关；ROA 相对较高，即盈利能力越好的企业，其融资越便利；类似的，企业规模大，融资成本越低，该结论与 1.1 节提及的很多文献采用单变量法（企业规模）的实证结果一致；从资本结构上来看，在控制企业的所有制性质、企业所属行业之后，企业资产负债率（杠杆率）提升则其融资成本也会相应提高，同时，资金供给端在遭遇负债较多的企业时，也会评估其还款能力和还款意愿，观察其是否存在融资负债率激增的情况等；企业持有的自由现金越多越不会依赖于外部的债权融资，但是持有太多现金会降低积极投资人（一般为大股东）的投资回报水平，同样降低了资金的使用效率。值得一提的是，在经济增速放缓的背景下，2015—2018 年我国秉承着"三去一降一补"的宏观经济运行逻辑，带来的直接影响是货币信用收缩，企业融资的难度加大，相比国企，民企的融资成本提升更快，迫于资金压力，民企主动引入国资进行"混改"。当政府和企业均面临降成本、补短投的压力时，各方需配合相关制度进行。高管薪酬与企业融资约束负相关，工资对高管的正向激励，使得高管倾向于在投融资谈判中更努力，从而降低外部融资成本，但是从实证结果的影响程度 −0.03% 上来看，高管的薪酬对于融资约束的敏感程度有限，原因和上市公司高管的隐性收入、隐性福利有关。由于数据的可得性，该指标的处理可以更加精准一些，且同时考虑财务审计；从企业生命周期来看，企业的成长能力越高，其受到的融资约束越小且融资成本较低（分析时已经考虑了行业因素）。

表 3.4　　混合所有制改革政策对企业融资约束影响模型估计结果

变量	SA（Fix Effect） 融资约束程度综合指标 （固定效应）	SA（Random Effect） 融资约束程度综合指标 （随机效应）
"混改"政策 （policy）	− 0.00245 ** （0.000988）	− 0.0113 *** （0.00170）

变量	SA（Fix Effect） 融资约束程度综合指标 （固定效应）	SA（Random Effect） 融资约束程度综合指标 （随机效应）
政策与实际控制人性质 交互项（policy * SOE）	− 0.0398 *** （0.000128）	− 0.0393 *** （0.000234）
实际控制人性质 （SOE）	0.0788 *** （0.000128）	0.0780 *** （0.000232）
融资方式 （shortdebt）	− 0.00166 *** （0.000176）	− 0.00146 *** （0.000320）
股份集中度 （赫芬达尔指数）	0.00212 *** （0.000745）	0.00168 （0.00136）
管理层持股 （manage）	− 0.0106 ** （0.00455）	− 0.0138 * （0.00829）
公司盈利能力 （ROA）	− 0.00367 *** （0.000270）	− 0.00351 *** （0.000493）
杠杆率 （Lev）	0.00238 *** （0.0000494）	0.00241 *** （0.0000901）
公司持有现金水平 （CASH）	0.00201 *** （0.000360）	0.00102 （0.000657）
公司规模 （size）	− 0.0431 *** （0.0000853）	− 0.0429 *** （0.000155）
公司上市时间 （lnAge）	− 0.00208 *** （0.000248）	− 0.00507 *** （0.000451）
高管薪酬 （EC）	− 0.000295 *** （0.000102）	− 0.000361 * （0.000186）
公司成长性 （GROW）	− 0.0786 *** （0.000116）	− 0.0782 *** （0.000211）

注：N 为 9250。* 表示 $p < 0.1$，** 表示 $p < 0.05$，*** 表示 $p < 0.01$。

4. 关于"混改"政策对不同所有制上市公司融资约束的研究

公司的所有制性质与融资约束之间的关系，是公司金融领域的重要传统议题之一，根据模型（3.6）的估计结果，不难发现，在"混改"政策出台之后，资金市场更加公开透明、公司的竞争能力随之提升，国企相比非国资背景的企业，融资约束降幅略大。普遍认为"混改"政策主要作用于国企，国有企业特殊的治理结构，涉及其独特的代理问题，以及是否属于社会公共资源等很多不同于传统金融学理论的问题，而已有文献依托传统金融学理论对国企问题的讨论仍有进一步完善的空间。"混改"政策出台之后，其内部治理情况等是否真的有所改善并不可知，但是随着政策的持续推进，公司相应指标的改善及时向外部投资者传递了信号，国企的代理问题从本质上有所改变，从投资者的反应来看，他们进一步积极参股混合所有制国企，对"混改"政策的预期较高。如前面所述，政府的介入导致了国企与民企的融资约束差距，简言之，虽然更加公平的市场环境导致国企在某种程度上丧失了一部分预算软约束（政府或银行的支持），但是积极投资者的引入使得国有企业拓展了其他途径的资金来源，因而总体来看财务状况更加健康，面临的融资约束有所降低。2016—2019 年，国务院国有资产监督管理委员会已先后推出四批共 200 多家央企试点不同层面的混合所有制改革，其中，第四批"混改"企业中，有部分是在第三批"混改"企业的基础上进一步进行员工激励计划、经理人任期制契约化、治理结构等"混改"深化工作。

3.3.2 稳健性检验

1. KZ 融资约束综合指标构建

本书在稳健性检验过程中，采用以往文献中常用的融资约束度量指标——KZ 指数，即用外部现金流依赖程度来度量企业的外源融资，借鉴梁权熙等（2012）按照卡普兰和津加莱斯（1997）构建 KZ 指数的程序和方法，重新构建 KZ 指数。根据公司的现金分红、经营现金流、现金持有量、资产负债率和投资机会进行分组计算，若公司当年未支付现金股利，则 KZ1 = 1；若公司经营现金流低于年度行业中位数，则 KZ2 = 1；若公司现金持有量低于年度行业中位数，则 KZ3 = 1；若公司资产负债率高于行业年度中位数，则 KZ4 = 1；若公司 Tobin's Q 值高于年度行业中位数，则 KZ5 = 1。综上所述，将 KZ1 ~ KZ5 累加计算出 KZ 值，采用 Ordered Logit 模型进行回归，估计出各变量的系数。采用各变量的系数与相关变量重新构建各公司的 KZ 指数，见表 3.5。

表 3.5   KZ 指数系数估计

KZ 指数系统	系数值
Cashflow	−3.960 *** (0.173)
Tobin's Q	0.145 *** (0.00934)
Lev	1.617 *** (0.103)
Div	27.08 ** (11.99)
Cashholding	−12.60 *** (2.383)
cut1	−4.166 *** (0.126)
cut2	−1.720 *** (0.0815)

KZ 指数系统	系数值
cut3	0.263 ***
	(0.0772)
cut4	2.184 ***
	(0.0814)
cut5	4.502 ***
	(0.108)

注：N 为 8519。* 表示 $p < 0.1$，** 表示 $p < 0.05$，*** 表示 $p < 0.01$。

根据上述分析，估计的 KZ 指数计算方程为

$$KZ = -3.96\text{Cashflow} + 0.145Q + 1.1617\text{Lev} + 27.08\text{Div}$$
$$- 12.6\text{Cashholding} \tag{3.7}$$

根据 KZ 指数的计算方法，基于中国上市公司数据的估计结果为式（3.7），下面将以此作为因变量考察"混改"政策出台前后企业所承受融资约束的变动情况。

2. 实证方程与结果

构建回归方程

$$KZ_{i,t} = \alpha_0 + \beta_1\text{policy} + \beta_2\text{SOE}_{i,t} + \beta_3\text{policy} * \text{SOE}_{i,t} + \sum \gamma_i\text{Control}_{i,t}$$
$$+ \sum \text{YearDummy} + \sum \text{IndustryDummy} + \varepsilon_{i,t} \tag{3.8}$$

主要的解释变量见表 3.6，继续以算得的 KZ 指数为因变量，与 3.3 节实证检验部分一致，在该节中，主要考察的自变量为政策、实际控制人性质及二者交互项。

表 3.6 主要解释变量定义及计算方法

变量	含义	定义及计算方法
policy	政策虚拟变量	"混改"政策虚拟变量：2013年出台"混改"正式意见书后，则为1；否则为0
SOE	实际控制人性质	将样本企业按照企业性质分为国有企业和非国有企业，属于国资背景则为1；否则为0
policy * SOE	政策与实际控制人性质交互项	"混改"政策虚拟变量与实际控制人性质交互项

在稳健性检验的部分，控制变量的选取与3.3.1节模型估计时选取的一致，具体见表3.7。

表 3.7 其他控制变量的定义及计算方法

影响因素	变量	定义及计算方法
融资方式	短期债权融资变动值（$\Delta shortdevt$）	短期债务的变动值 $= \dfrac{\text{本期末短期负债} - \text{上期末短期负债}}{\text{平均总资产}}$
	长期债权融资变动值（$\Delta longdebt$）	长期债务的变动值 $= \dfrac{\text{本期末长期负债} - \text{上期末长期负债}}{\text{平均总资产}}$
公司治理情况	$(t-1)$ 期第一大股东持股比例（$top1_{i,t-1}$）	大股东持股比例 $= \dfrac{\text{第一大股东的持股数量}}{\text{总股数}}$
	前2~10大股东持股比例	赫芬达尔指数
	管理层持股比例（Manage）	管理层持股比例 $= \dfrac{\text{高级管理人员持有公司股票}}{\text{公司股票总数}}$
	董事长与总经理兼任情况（DUAL）	1 = 同一人；2 = 不同人

影响因素	变量	定义及计算方法
公司治理情况	$EC_{i,t}$ （Executive Compensation）	高管前三名薪酬总额 – 不含高管领取的津贴
	独立董事人数比例 （Indep）	独立董事人数比例 = $\dfrac{独立董事人数}{董事总人数}$ （含董事长）
企业基本特征	持有现金占比 （$Cash_{i,t-1}$）	持有现金水平 = $\dfrac{（t-1）期经营活动现金流量净额}{期初总资产}$
	成长能力 （$Growth_{i,t-1}$）	$t-1$ 期的资产增长率 = $\dfrac{t 期营业收入 -（t-1）期营业收入}{（t-1）期营业收入}$
	公司规模 （$Size_{i,t-1}$）	$\ln（t-1）$ 期总资产
	公司上市时间 （$Age_{i,t}$）	公司上市年数
	$ROA_{i,t}$ （Return on Asset）	总资产收益率
	企业所处行业 （IndustryDummy）	按证监会的分类标准（除制造业继续划分为小类外，其他行业以大类为准），共设 16 个行业虚拟变量
	年度变量 （year）	2010—2016 年

注：《关于在上市公司建立独立董事制度的指导意见》规定，2002 年 6 月 30 日前，董事会成员中应当至少包括两名独立董事；在 2003 年 6 月 30 日前，上市公司董事会成员中应当至少包括 1/3 独立董事。

KZ 为融资约束度量指标的回归结果见表 3.8。

表 3.8   **KZ 为融资约束度量指标的回归结果**

变量	（1）KZ（fe）	（2）KZ（re）
"混改" 政策 （policy）	– 3.9546 *** （1.41993）	– 3.87052 *** （1.4068）

续表

变量	(1) KZ (fe)	(2) KZ (re)
实际控制人性质 (SOE)	2.5561 (1.16810)	2.64966 (5.88420)
"混改"与实际控制人性质交互项 (policy * SOE)	− 7.51753 *** (1.35958)	− 7.16417 *** (1.36173)
股权集中度 赫芬达尔指数	− 1.57579 * (8.34321)	− 1.31754 (8.32209)
杠杆比例 (Lev)	3.44968 (5.56126)	− 1.66942 (5.57756)
董事长和总经理是否为同一人 (DUAL)	1.62047 (1.07498)	− 1.5589 (1.07553)
持有现金水平 (CASH)	− 3.74595 (4.06232)	− 9.05691 (4.04313)
公司规模 (size)	− 1.36318 (9.69426)	− 4.55295 *** (9.26192)
独立董事人数 (indep)	− 1.64463 (1.02441)	− 3.16565 (1.02056)
高管薪酬 (EC)	1.52004 (1.14746)	1.72303 (1.13078)
公司上市时间 (lnAge)	− 1.18674 *** (2.78616)	− 7.44196 *** (2.61507)
公司成长性 (GROW)	1.51040 (2.21329)	1.46557 (2.22663)
行业/年份	控制	控制

注：N 为 8519。* 表示 $p < 0.1$，** 表示 $p < 0.05$，*** 表示 $p < 0.01$。

稳健性检验的结果与 3.3.1 节中使用 SA 估计融资约束的结果基本一

致。进一步表明"混改"政策出台之后，样本公司的融资约束程度有所缓解。较直观的解释，融资方式采取短期债务越少，其受到的融资约束越低；从治理结构上看，回归结果（表 3.8）显示一家公司的赫芬达尔指数与其融资成本负相关，这一现象背后的逻辑是我国部分上市公司缺乏对控股股东的约束，因而大股东侵占了小股东的利益，"上市套现"是以大股东为代表的，金融机构与金融资本的投资目标更倾向于实现短期回报与公司的经营目标相背离，如以往研究发现股权集中度与公司业绩负相关（李增泉等，2005），公司业绩往往与融资约束负相关，当公司经营不善出现亏损时，公司面临继续扩资经营和剥离不良业务条线的选择，若经营者以企业长期利益为主要考量，刨除辅业剥离的情况，职业经理人的积极做法通常表现为开拓新的业务条线，提高企业影响力，但是以短期利益为目的的控股股东或资金提供方并没有继续拓展业务的动机，目标企业在决策层授意下收缩业务，反作用于其资金需求量，目标企业随之需要的资金量降低，进而在实践中，表现为融资约束与股权集中度负相关；此外，企业的规模越大，融资成本越低，该结论与 3.2.1 节中总结的很多文献采用单变量法（企业规模）的实证结果一致；从资本结构上来看，在控制企业的所有制性质、企业所属行业之后，企业杠杆率会增加其融资成本，因为新老债权人之间存在利益冲突，若企业账面上存在大量需要进一步展期的负债，其资金提供方面对还款压力较大的企业时往往更为谨慎，在对目标企业业务条线评估的基础上，也会考虑其还款压力，观测其是否存在负债率激增等其他财务风险；企业持有的自由现金越多越不会依赖于借债形式的外部融资，但是企业账上存在过多的自由现金流，外部投资者会提出类似"是否意味着该企业的资金使用效率较低？"之类的疑问。从而积极投资人（大股东）的投资意愿也会受到影响，可能导致其投资意愿偏保守。

除用 KZ 做稳健性检验之外，本章采用单变量指标 FC1、FC2、FC3 作为融资约束代理变量进行检验，得出结果对本书提出的假设进一步提供支持，即在"混改"政策实施之后，企业的融资约束明显改善。实证部分所示，FC1、FC2、FC3的研究局限在于仅仅关注了债务融资的金融摩擦问题（Jermann & Quadrini，2012；Covas & Den Haan，2012；Korajczyk et al.，2003）。在构建微观计量模型估计宏观经济变量对于企业融资的影响时，借助经济周期这一动态指标，引入股权与现金流变量，通过实证研究发现对于资金较充足的企业，其债权融资方具有逆经济周期的特点。

3.4　本章小结

本章重点讨论了混合所有制改革政策的出台是否会对上市公司的融资约束带来影响，同时，也考查了政策对企业融资产约束的影响幅度并试图为改进企业融资方式和提高企业效率提供政策建议。非公有制资本参与国有企业混合所有制改革，国有企业的国有产权或国有股权转让时，除国家另有规定外，一般情况下，不再考虑在意向受让人资质条件中对民间投资主体单独设置附加条件。设计宏观政策和改革政策的关键在于设定合理的政策目标，如果政策目标设定不合理，那么宏观政策可能难以达到预期效果，当然，目前已有很多关于宏观政策不确定性的讨论（余靖雯等，2019），但是宏观政策不确定性指标的构建还需要进行进一步的讨论与数据检验。

本章实证研究的结果表明："混改"政策短期内加剧了国有企业面临的融资约束，这似乎与我们的直观感受相矛盾。从实际情况来看，国有企业融资约束的加剧，在某种意义上是为非国有企业外源融资提供了空间，尤其在发生信贷配给的情况下，资金得以流向相较而言在资金使用方面管理更严格、效率更高的非国有企业，进而从另一个角度促使非国有企业的资金利用效率提高，从整体上提高了经济效益。基于此，各级政府应考虑加快竞争性国有企业市场化改革进程，进一步助力完善金融行业发展，引导资本市场上资源的配给由政府导向向市场导向过渡，从整体上提高资本利用效率。此外，需要注意的是，由于国有企业肩负国计民生的重大使命，其效率并非能简单用金额衡量，并且出于把控影响国家发展的经济命脉产业的考虑，单纯地依赖资源配给方式的改变来提高整体的经济效益长期而言却并非万全之策，从本质上提高国有企业的经营效率、资金利用效率，改善国有企业代理问题势在必行。因而，政府应在坚持国有企业市场化改革的基础上，着手设计更有效的激励机制，并与产权市场的监管机制并行，进一步明晰国有资产产权的界定，加强国有资产管控，减轻被现代公司治理所诟病的产权不明、"所有者"缺失等问题，从根本上缓解、改善国有企业相对严峻的代理问题，进而提高国有企业竞争力，使得国有资本发生从量到质的良性改变。2015 年国务院办公厅出台《关于在公共服务领域推广政府和社会资本合作模式的指导意见》（以下简称《指导意见》），该《指导意见》强调："鼓励国有控股企业、民营企业、混合所有制企业等各类型企业积极参与提供公共服务"，PPP① 模式成为推进混合所有制工作的有效手段，"混改"工作进一步细化，随着数据的充实，后续研究将评价 PPP 投资结构，讨论其对民生、基础设施建设的贡献程度等；非公资本的介入是否能够有效提升资金使用效率，以及缓解政府资金短缺的问题。企业的融资约束程度在宏观意义上会影响整个经济体的运行效率。

---

① PPP：政府和社会资本合作（Public – Private Partnership），政府公共部门与私营部门合作过程中，鼓励非公共部门所掌握的资源参与提供公共产品和服务，从而实现合作各方达到比预期单独行动更有利的效果。

第4章　混合所有制改革
与企业投资效率

4.1　引　　言

2017 年和 2018 年国有资产、国有企业以及混合所有制改革工作进入深化期，地方政府按照上级单位要求进一步明确了当前国有企业混合所有制改革的工作重点，以及以培育具备国际竞争力和影响力的一流企业为改革目的。当前国有企业改革将继续以改革国有资产管理方式为突破口，在赋予企业更多自主权的同时，政府将更多地行使监管职能，优化国资使用的有效性与针对性。本章将从企业投资效率对于混合所有制改革政策的敏感性角度，继续探讨改革政策与国资使用效率问题。值得注意的是：地方在推动国有企业混合所有制改革时需要着眼于国企运行效率有待提高、资源利用效率低下（如 2010—2016 年媒体上曝光率极高的国企、央企"地王"频现情况）以及资源错配等问题。中国近 15 年的 GDP 平均增长速度在 10% 左右。对于发展中国家，在经济发展初期，投资是拉动 GDP 的重要途径，但是在当前经济形势下，继续依靠投资[①]拉动 GDP 已经力不从

---

① 根据其中一种计算投资对经济增长贡献度的方程计算：（固定资产）投资对经济增长的贡献度 =（$\Delta I/\Delta GDP$）×（$\Delta GDP/\Delta GDP_0$）× 100%，最近几年该值始终高于 1。

心。2017 年中国 GDP 的投资依赖度已达 80%（刘志彪，2017）。但是固定资产投资规模仍在增加，事实上，中国经济处于转型关键时期，经济的持续稳定增长不能仅仅依赖于投资规模的拉动，而应注重实现投资效率方面的提升，因此微观企业的投资效率在中国当前发展阶段变得愈发重要。

但事实上，企业的投资行为，特别是国企的投资行为，在极大程度上也会受到来自政策层面的影响。企业的过度投资行为、资源错配与产能过剩问题的政策原因也一直是学者关注的焦点。近 20 年逐渐涌现出众多关于中国独特制度背景、政治体制的实证研究。学者将财政政策（譬如财政分权体制改革）原因导致的地方政府过度干预企业行为的现象定义为政府干预（唐雪松，2010）。2013 年至今，随着混合所有制改革的进一步深化，学者、政府和企业工作人员及资本市场的从业人员也围绕国企的投资效率问题进行了深入研究。但是相对来看，直接分析改革政策对企业投资行为的影响机制的研究并不多见。因此，本章就显得尤为重要，下面将对企业非效率投资行为的成因及解决方案进行理论和实证分析，并深入探讨宏观层面的调控政策对于企业投资效率的影响机制。本章主要研究内容包括以下两方面。

研究 1：企业投资效率对于混合所有制改革政策的敏感性分析，研究假设混合所有制企业的投资效率在该政策出台之后短期内即可在一定程度上有所改善。媒体塑造的关于国企的刻板印象常常是管理效率低下，资金利用率较低，其中，政府与企业的界限不明晰是本次"混改"面临的重大问题，一直被诟病的是国资委既是"裁判员"（履行监管职责），又是"运动员"（投资、运营）。通过设立两类公司，国资委将出资人的权利授予两类公司，这样，国资委将只是"裁判员"（监管），两类公司将扮演"教练员"（投资），而国企将成"运动员"（运营）。其中，国有资本投资公司主要是以服务国家战略、优化国资布局、提升产业竞争力为目标，以战略性核心业务控股（产业投资）为主，而国有资本运营公司以提升国资运营效率和回报为目标，以财务性持股为主。

研究 2：针对企业不同程度的过度投资现象，重点讨论了是否对于实际控制人背景不同的企业，混合所有制改革的政策效用不同，基于"混改"政策的重点在于提升国企的竞争力，因而研究假设实际控制人为国有性质的企业的过度投资情况的改善更为明显。当然，研究所选样本企业也存在投资不足的情况，具体情况将在下文进行详细分析。

4.2 上市公司投资效率度量与成因

市场对某领域的过度乐观往往会造成投资期望膨胀，企业跟风进行大规模投资，导致投资过度；相应的资源有限，就会出现投资不足的情况。非理性地投资 NPV 为负的项目是导致资源浪费、效率低下的首要原因，非效率投资的合理计量是实证研究的关键。本节在回顾企业投资效率计量方法的基础上，采用理查德森（2006）的方法对混合所有制的上市公司的过度投资行为进行测算。在 4.2.1 节回顾及详述企业投资效率的测量方法，本书采用的测算方式具体见 4.2.3 节。

4.2.1 企业投资效率测算方法述评

随着现代企业理论、信息经济学、契约经济学及行为经济学等经济学模块的兴起和发展，企业投资效率的科学测量逐渐成为企业投资研究的核心问题。关于公司投资的研究开始于 20 世纪 60 年代，因而基本已经成为较成熟的研究领域，如迈耶和库（Meyer & Kuh，1957）指出不完善的资本市场会制约实体经济的发展，导致企业资本支出受到企业内部资金流量的限制，从而强调了企业投资中融资影响因素的重要性。张五常在《经济解释》（2015）中指出政府主导投资的厘清权责问题："第一，资源使用与收入的权利界定明确；第二，考虑投资回报以市价为基准。"截至 2017

年，国内文献中使用最多的是理查德森（2006）的测量模型，中国学者的研究也采用法扎里（1988）、沃格特（1994）和比德尔（2009）等提出的方法作为经验研究。

1. 现金流敏感性——投资模型（FHP 模型）

实证文献中从 1988 年起就有学者在控制了投资机会后证明了投资现金流敏感性的存在。FHP 模型由法扎里、哈伯德和彼得森（Fazzari, Hubbard & Petersen）在 1988 年提出，他们从信息不对称理论切入，认为：企业经理人掌握着公司的核心信息，明显比外部投资者更了解企业的预期利润和企业价值，即存在信息不对称的状况，从而产生了一系列逆向选择抑或道德风险类的问题，譬如优序融资理论[①]（Pecking Order Theory）（Myers & Majluf, 1984）、信贷配给[②]（Credit Rationing）（Greenwald, Stiglitz & Weiss, 1984；Whette, 1983）或者债务悬横[③]（Debt Overhang）（Myers, 1977）等，所以内部融资和外部融资二者并不完全等价，从而导致融资约束。因此他们在考量企业投资支出对内部现金流的敏感性时，提出现金流敏感性的差异由企业之间的信息成本不同导致，从而解释了融资约束与公司投资之间的关系，即为什么企业会无视真正的投资机会而选择投资净现值为负的项目，造成投资不足。但是该模型不能直接用来估计过度投资的规模，企业在进行投资决策时会因为资本成本低而首选内部融资。在内部现金流波动的敏感性和内部现金流的流动性对投资产生的

---

① 优序融资理论：以信息不对称理论为基础，并考虑交易成本的存在。公司在为新项目融资时，将优先考虑使用内部的盈余，其次采用债券融资，最后才考虑股权融资。即遵循内部融资、外部债券融资、外部股权融资的顺序。

② 信贷配给：从宏观层面的信贷配给是指在确定的利率条件下，信贷市场上的贷款需求大于供给。微观层面的信贷配给包括两方面：在所有的贷款申请者中，一部分人的贷款申请被接受，而另一部分人即使愿意支付高利率也得不到贷款；贷款人的贷款申请只能部分被满足（如100 万元的贷款申请只能贷到 50 万元）。

③ 债务悬横："拒绝好的项目"，是指过多的借债容易造成还款额空缺，即还债额高于现有资产的价值，即公司投资于新项目的回报会优先用来清偿债务，即新项目赚的钱会先被债权人得到，所以股东没有投资于这些项目的激励。

影响上，低股利分配的公司远大于较高股利分配的公司，其公司的投资对自由现金流有较高的敏感程度。但是有学者认为，在没有剔除如企业性质、公司规模、行业特征等其他因素对被解释变量的影响时，现金流与投资机会的关系的准确性会产生偏差（Kaplan & Zingales，1997；Cleary，1999；Erickson & Whited，2000）。另外，中国作为独特的发展中经济体，将中国制度背景考虑进来，确定了分类标准为企业的最终所有权，从而将样本公司分为国有企业和民营企业两类，再按预算软约束的程度对国有企业进一步分类。为了考察政治和制度因素对投资现金流敏感性的影响，陈运森和朱松（2009）把高管的政治背景和制度环境引入FHP模型。谢乔昕和张宇（2013）将经济影响力和股权结构作为自变量引入FHP模型，并构造其与经营现金流的交互项来验证企业经济影响力与融资约束之间的关系。

2. 现金流与投资机会交互项判别模型

迈尔斯和梅吉拉夫（Myers & Majluf，1984）提出的优序融资假说（Pecking Order Hypothesis）以及詹森（Jensen，1986）自由现金流假说均指出企业预期不分红则将持有较高的自由现金流，同时，预计产生较高投资支出，而支付高分红的企业则表现出相反关系。沃格特（Vogt，1994）实证研究发现企业外部融资成本过高的原因是企业与资金提供方的信息不对称，导致企业过度使用了自有现金。并在FHP模型的基础上，沿用投资—现金流敏感性的分析方法。研究发现：在投资有形（固定）资产时，竞争力较强的低分红大型企业更倾向于采用自有现金流的投资方式，相比之下，规模较小、股利支付率低的新企业，其投资行为符合有序融资假设。

3. 残差度量模型

Vogt模型在区分投资不足或投资过度时考察交互项系数的正负，但没有直接衡量自由现金流和过度投资情况。理查德森（2006）将企业的自由现金流分为基于现有资产产生的现金流减去该企业对新项目投资的支出，并具体分析了投资过度或投资不足的呈现形式，巧妙地规避了上述两种方法依赖财务数据带来的问题（财务造假以及为影响财务指标过度调整财务报表）。理查德森（2006）构建下面的模型估计过度投资。其中，I 为公司 i 第 t 年新增投资；V/P 是公司成长机会的代理变量；Lev、Cash、Age、Size、Ret 分别是资产负债率、现金存量、上市年限、公司规模和股票收益率，格特勒等（Gertler et al.，1994）指出不同规模的上市公司，其投资行为和融资约束差异较大；i，$t-1$ 为滞后一期的因变量；Industry 和 Year 分别是行业和年度虚拟变量；ε 是残差项。研究结果显示，只有在自由现金流为正的公司，且大部分的自由现金流以金融资产的形式存在时，自由现金流与过度投资呈现正相关的关系。理查德森（2006）为考察过度投资的程度，把样本企业分成自由现金流为正和自由现金流为负两组，分别分析了其流量，在用于过度投资的自由现金流上，21% 的企业的自由现金流为正，15% 的企业的自由现金流为负。理查德森（2006）模型基于会计信息，计算期望投资的数量，进而计算出过度投资的具体值。该模型从自由现金流与过度投资之间的关系出发，验证了代理成本理论，揭示出委托代理问题是产生过度投资的重要原因。

理查德森（2006）衡量过度投资和自由现金流的这个框架易于被扩展来测量其他非正常投资。该模型中预期新投资的拟合值为方程的回归结果，但是只有在完美市场且不存在代理问题时企业的最优投资水平才能被该拟合值准确衡量，所以以残差来度量非正常投资可能会对结果产生很大影响。另外，对新项目投资的分组标准为 NPV 是否大于 0，但是有的项目在考察期间与整个项目期间的 NPV 存在差异，这样会导致非正常投资的测量结果产生误差。在探索中国企业的非效率投资现状的过程中，中国学者大多借鉴了理查德森（2006）的残差度量模型。如李万福和林斌等

（2010）直接采用理查德森（2006）的模型来估算企业的投资过度程度；徐晓东和张天西（2009）在该模型基础上使用企业权益的账面价值与市场价值之比、布里德尔（Briddle，2009）使用了主营业务收入增长率和Tobin's Q。李万福等（2011）、申慧慧等（2012）、徐倩（2014）借鉴布里德尔（2009）改进的理查德森（2006）模型，并对计算得出的投资效率进行分组，高分位的观察值为过度投资，高低之间的两个分位为基准组。预测企业处在高分位和低分位的概率时运用了多类别对数比率回归分析方法。应用上该模型简单方便，易于取得的销售增长这个变量可代替Tobin's Q，避免受到财务报告质量的影响。但仅用这一个变量来解释投资，不足以确定结果的准确度，并且由于固定资产投资和研发支出也是重要的组成部分，所以仅用销售增长来衡量投资机会存在片面性，不过该模型设计简洁，为后续研究提供很好的思路。布里德尔（2009）没有考虑在销售收入增长或减少时，对投资的作用是存在区别的，所以在研究中国的政府干预与投资效率的时候，在模型中加入了哑变量使实证结果更加准确。国内外学者对企业的投资效率进行的大量研究中，由于研究目的不同，关于投资效率并没有公认的概念。

一般而言，学者讨论的投资效率分为有效率和无效率两种表现方式，企业的非效率投资分为投资不足和投资过度两种情况。迈尔斯（1977）、詹森（1986）、利森贝格尔（Lizenberger，1989）、理查德森（2006）模型是基于财务报表信息计算预期投资的，进而计算过度投资的具体值，详见4.2.3节。衡量过度投资和自由现金流的理论框架易于被扩展和推广到世界不同发展阶段的金融市场，同时，可运用该方法测量其他非正常投资。中国学者在研究中国企业的非效率投资问题时，理查德森（2006）的残差度量模型是被借鉴较多的模型，一般采用 Tobin's Q 作为成长机会良好的代理变量，本章将在稳健性检验中采用该指标。

4.2.2　变量的定义与样本的选取

1. 变量的定义

在测算企业投资效率水平时，采用理查德森（2006）的度量方法，选取主要变量并列示在表 4.1 中。

表 4.1　　　　　　　　　　　　变量定义及计算方法

变量	定义	计算方法
$NewInv_{i,t}$	$t-1$ 期新增投资	$\dfrac{t \text{ 期（购建固定资产、无形资产和其他长期资产所支付的现金} - \text{处置固定资产、无形资产和其他长期资产所收回的现金）}}{\text{年初总资产}}$
$Grow_{i,t-1}$	$t-1$ 期的资产增长率	$\dfrac{t \text{ 期营业收入} - (t-1) \text{ 期营业收入}}{(t-1) \text{ 期营业收入}}$
$Lev_{i,t-1}$	$t-1$ 期资产负债率	$\dfrac{(t-1) \text{ 期总负债}}{\text{总资产（杠杆率）}}$
$Cash_{i,t-1}$	$t-1$ 期自由现金流	$\dfrac{(t-1) \text{ 期经营活动现金流量净额}}{\text{期初总资产}}$
$Age_{i,t-1}$	$t-1$ 期公司上市年限	公司上市年数
$Size_{i,t-1}$	$t-1$ 期公司规模	$\ln(t-1)$ 期总资产
$Return_{i,t-1}$	$t-1$ 期股票收益率	$(t-1)$ 年考虑红利再投资的股票回收率
$Inv_{i,t-1}$	$t-1$ 期新增投资	$\dfrac{(t-1) \text{ 年（购建固定资产、无形资产和其他长期资产所支付的现金} - \text{处置固定资产、无形资产和其他长期资产所收回的现金）}}{\text{年初总资产}}$

变量	定义	计算方法
YearDummy	年度虚拟变量	研究样本为 2010—2016 年，共设 7 个年度虚拟变量
Industry Dummy	行业虚拟变量	按证监会的分类标准（除制造业继续划分为小类外，其他行业以大类为准），共设 15 个行业虚拟变量（剔除金融行业）
$\varepsilon_{i,t}$	过度投资/投资不足	残差为正，则是过度投资，反之则投资不足

2. 样本选取、数据来源及处理

同 3.3.1 节类似，本章以中国沪深两市 A 股上市公司 2009—2016 年的数据作为研究样本开展研究（因为 2010 年的投资情况需要根据 2009 年的数据计算）。按所有制性质的不同，将样本企业划分为国资背景企业组与非国资背景企业组，其中具备国资背景的企业组包括：中央国有企业组（央企组）和地方国有企业组（地方国企组），其他归为非国资背景企业组。本书采用的数据来自深圳国泰安信息技术有限公司联合开发的 CSMAR 数据库，财务数据来源于万得（Wind）数据库，在样本中剔除金融类上市公司，剔除 ST、*ST 公司。从数量上来看，地方国企占比 75%；从营业收入来看，央企相比于地方国企大概高出 20%。此外，为消除极端值的影响，运用 Stata 软件，对模型中的相关连续变量在 0~1% 和 99%~100% 的极端值进行 Winsorize 2 处理。经过上述处理，得到样本总量为9516 家，从均值的结果（表 4.2）来看，存在过度投资的样本公司比例约为 36.82%。此外，第一大控股股东的持股比例均值为 54.19%；两者合一的均值为 19.27%，表明在中国大多数上市公司的治理结构中，董事长和总经理仍由不同的人担任。逐年统计，公司治理控制变量的统计数据逐年变好，说明随着中国资本市场的不断完善，中国上市公司治理模式逐渐规范。在表 4.2 中列示第 3 章所述变量的描述性统计。

表4.2 主要变量的描述性统计

变量	均值	标准差	最小值	最大值
NewInv1	0. 0612095	0. 1169209	− 10. 17505	1. 376076
NewInv0	0. 0695726	0. 1242885	− 10. 17505	1. 470677
size	12. 6983	1. 301811	6. 20738	19. 29839
lnAge	2. 139675	0. 7354595	0. 6931472	3. 295837
CASH	0. 2118662	0. 1635277	0. 0000583	0. 984289
GROW	1. 514056	126. 9406	− 1	14883. 06
Lev	0. 4463136	0. 5817801	− 0. 194698	55. 40864

注：各变量的描述性统计均为原始数据。

表 4.2 对研究变量进行了描述性统计分析，样本包括国资背景的上市公司（文中不区分国资背景的上市公司隶属于中央政府抑或地方政府）和非国资背景的上市公司（不区分民企、外资或自然人），原因在于本书只关注实际控制人的性质，而细分不影响回归结果。

在我国市场流动性充裕而投资途径匮乏的背景下，A 股上市公司投资性房地产规模飙升，基于本书选取样本来看，中国上市公司主要的投资标的为不动产。2013 年中国改革进入攻坚期，在中国共产党第十八次全国代表大会报告中提及"完善国有资产管理体制，推动国有资本更多投向关系国家安全和国民经济命脉的重要行业和关键领域。不断增强国有经济活力、控制力、影响力。"考虑到该政策的影响，在进行实证分析时加入该政策虚拟变量（policy）。

4.2.3 过度投资的度量

1. 过度投资水平的确定

理查德森（2006）的原始模型中，用 Stata14 对非平衡面板数据采用

OLS 的方法进行估计，由于加入了"混改"政策虚拟变量及实际控制人性质 0－1 型变量，所以在计算过度投资（正残差：$\varepsilon_{i,t}$）时，选择处理非平衡面板数据的估计方法。估计模型为

$$
\begin{aligned}
\text{NewInv}_{i,t} = {} & \beta_0 + \beta_1 \text{Grow}_{i,t-1} + \beta_2 \text{Lev}_{i,t-1} + \beta_3 \text{Cash}_{i,t-1} + \beta_4 \text{Age}_{i,t-1} \\
& + \beta_5 \text{Size}_{i,t-1} + \beta_6 \text{Return}_{i,t-1} + \beta_7 \text{Inv}_{i,t-1} + \sum \text{YearDummy} \\
& + \sum \text{IndustryDummy} + \varepsilon_{i,t} \quad\quad\quad\quad\quad\quad (4.1)
\end{aligned}
$$

式中，决定公司 i 投资的因素有以下几个。

（1）杠杆率（$\text{Lev}_{i,t-1}$）：该指标反映了公司的资本结构状况。公司的资产负债率越高，代表公司未来会有大笔资金支出，用于向债权人偿还债务。考虑到投资回报与负债的期限结构并不一定吻合，"短贷长投"常常导致公司经营捉襟见肘，公司可用于投资的现金流会受到影响，从而导致公司未来投资受限。

（2）经营活动现金流（$\text{Cash}_{i,t-1}$）：货币资金是应对公司日常经营活动、满足所需流动性的首要条件，可以应对公司的紧急支付需要。但是货币资金的存积过多，也是资源没有得到有效利用的表现。考虑到公司追逐利润的动机，货币资金的持有量增加，则公司的可利用资金、投资机会越多。

（3）公司上市年限（$\text{Age}_{i,t-1}$）：处于不同发展阶段的上市公司，其所面对的投资机会不同。公司的生命周期与其投资周期，宏观经济周期，以及金融市场周期应维持在某种程度的均衡水平。当公司处于扩张发展初期，公司进行投资扩张的动力比较大以求能够壮大自己的实力。当公司发展到成熟期，公司的经营相对稳健，因而会相应放缓扩张的步伐、减少投资，相应的上市时间越短，公司进行投资、扩张自我实力的动力也就越强。因而公司投资规模与公司的发展阶段呈负相关关系，研究选取公司的上市年龄作为衡量公司发展阶段的指标。

（4）上年的股票收益（$Return_{i,t-1}$）：资本市场的表现与投资金额正相关。

（5）公司规模（$Size_{i,t-1}$）：公司的规模大小会影响到公司的投资能力，公司的规模与投资的规模正相关。在研究中，考虑到公司总资产的绝对数值过大，为了更清晰、准确地反映影响程序，在实际运用时对其取自然对数。

（6）公司上期新增投资（$Inv_{i,t-1}$）：公司投资活动不可避免地会受到过去投资活动的影响，因为公司在投资行为上不可避免地会表现出一种惯性。鉴于此，笔者用滞后一期的投资规模来衡量公司投资惯性行为对年度投资的影响。

此外，模型中控制了行业因素（Industry）和年度因素（Year），同行业的过度投资容易引发价格战，新老企业的新增投资和现有生产能力遭受损失，最终造成行业衰退。不同年度可能面对的国际局势、营商环境及企业自身的发展阶段与行业周期等均有差异。$\varepsilon_{i,t}$ 为扰动项。需要说明的是，根据理论，企业的成长机会越多，其投资量应该越大，但是关于公司成长机会的度量，文献并未达成共识（如 2010 年唐雪松等选择用 Tobin's Q 衡量）。针对此问题，研究在初始回归时，仍将选择理查德森对成长机会度量的方法，即总资产增长率 $Grow_{i,t-1}$，同时，将在稳健性检验中对此进行进一步讨论。表 4.3 汇总了模型估计结果。

表 4.3　　　　　　　　　投资效率平衡面板回归结果

变量	（1）fe NewInv1	（2）re NewInv1
NewInv0	0.143 *** (0.0101)	− 0.0847 *** (0.0111)
lnAge	− 0.0234 *** (0.00297)	− 0.0232 * (0.0128)

变量	（1）fe NewInv1	（2）re NewInv1
GROW	− 0.00124 * （0.000876）	− 0.00203 * （0.000908）
Lev	− 0.0296 *** （0.00195）	− 0.0214 *** （0.00233）
CASH	− 0.0135 （0.0109）	0.0765 *** （0.0174）
size	0.00565 *** （0.00110）	− 0.0137 *** （0.00385）
return	0.00873 *** （0.00232）	0.00974 *** （0.00239）
行业	控制	控制
年份	控制	控制

注：N 为 9200。括号中为标准误差：* 表示 $p < 0.1$，** 表示 $p < 0.05$，*** 表示 $p < 0.01$。

2. 过度投资（$\varepsilon_{i,t}$）的度量结果与描述性统计

表 4.4 列示了模型（1）残差的基本统计结果，残差大于 0 的结果表示样本中过度投资的情况。根据统计结果，所有样本企业的历年数据中，非国有企业存在过度投资的有 3041 个样本，国资背景企业存在过度投资的约有 2141 个样本，按比例统计，国资背景的企业过度投资情况占比较大。

基于实际控制人性质，对过度投资与投资不足的描述性统计，见表 4.4。

表 4.4　2010—2016 年全样本过度投资与投资不足（$\varepsilon_{i,t}$）的描述性统计

年份	实际控制人性质			
	非国企		国企	
	过度投资/家	投资不足/家	过度投资/家	投资不足/家
2010	203	397	244	500
2011	330	558	284	525
2012	443	710	311	544
2013	559	725	376	479
2014	453	840	309	550
2015	521	882	317	525
2016	532	1094	300	532
合计	3041	5206	2141	3655

　　根据上述回归所得的残差项进行描述性统计，参考理查德森（2006）给出的定义，当残差项（$\varepsilon_{i,t}$）为正时，代表过度投资；当残差（$\varepsilon_{i,t}$）为负时意味着企业投资不足。2010—2016 年，基于全样本统计结果显示过度投资的情况：实际控制人为国有企业的上市公司较非国有企业的上市公司的非效率投资更严重。

4.2.4　中国国有企业过度投资成因及治理

1. 中国国有企业过度投资的原因分析

　　（1）部分省份国企改革速度滞后。从样本数据来看，地方国有企业中能源类企业较多，此类国企一般资产负债率较高，股权集中度较高，现代公司治理结构较滞后，国资布局存在提升空间，专业化程度和技术投入有待提高。自中国共产党第十八届中央委员会第三次全体会议勾勒出"混改"路线后，虽然"混改"整体稳步向前推进，不少顶层框架也已搭建完成，但改革效果仍相对有限，一方面原因在于"混改"属于我国经济运行深层次改革，本轮"混改"一些突破的内容也处于攻坚阶段；另一方面原因在于改革的主体应该是国企，但是目前仍是政府主导，这就导致企业自发改革的能动性不高。

（2）股权集中问题。能源大省的国企普遍存在战略新兴产业发展缓慢及对战略新兴产业的服务配套措施严重不足的情况，考虑到此类地区的发展阶段以及企业有限的创新能力，"混改"将以推动产业开放和股权多元化为突破口。譬如根据分地区和行业统计结果，2012年山西省23家省属实际控股人为国资背景的上市公司中，省属国企持股平均比例达到了44.32%，此类国有企业存在的问题主要是资产负债率较高、股权高度集中、企业治理不规范偏行政化、国资布局不合理等。根据现代公司治理理论，股权多元化促使股东制衡（Bennedsen & Wolfenzon，2000），而基于中国国有企业目前的发展情况，股权多元化意味着政府职能从管企业向管资本转变，推动国有企业市场化进程。资源型国有企业可通过重组整合推进，如山西省试图通过"混改"方式改变以"煤炭"为主导的股权过度集中的局面。

（3）人事制度冗余。根据俞红海、徐龙炳和陈百助（2010）的研究，国有企业存在劳动力冗员的管理者，同时，这些管理者偏好平静生活。针对企业人事制度冗余的问题，解决方法是要有明确的与产业发展和经济效益相挂钩的约束机制。竞争性国企的人事结构亟须引入竞争机制，以保证企业的创新能力，特别是提升对外企和留学归国等海外人才的吸引力。现阶段，"混改"国企已经逐步落实了市场化选人，据笔者调研，央企、国企的人事制度、人才选拔制度更加公开透明。

2. 国有企业过度投资治理策略——微观视角

（1）改进经理人奖惩机制。经理人受投资者委托经营管理公司，对公司资产具有实际控制权，在控制其他条件不变的情况下，企业收益与经理的努力程度呈正相关关系。研究表明公司通过设计激励机制，将经理薪酬与企业绩效挂钩，同时让经理可以分享企业的剩余收益，通过成本分担效应，弱化经理的自利动机，使经理和股东间的代理成本下降，经理以公司价值最大化为目标获得的收益大于以私人收益为目标获得的收益，同时股东的收益也相应提高，当经理人和股东利益一致时可遏制过度投资（Jensen & Meckling，1976）。中国证监会出台的《上市公司股权激励管理办法（试行）》为上市公司实施股权激励提供了指南。通过要求经理上任缴纳保证金的形式，促使其履行契约，在经理人任期结束时，根据其业绩表现及市场环境退还全部或部分保证金。对于企业高管的相关奖惩信息要在媒体上发布，从而形成舆论监督的声誉机制，包括股东在内的社会公众可据此了解经理的能力和履约情况，从而降低其过度投资发生的概率。国有企业适用于这一公众监督机制，从目前的实施情况来看，国企、央企已开始通过互联网公开非涉密的业务进展信息。

（2）合理化股权结构，完善公司治理。理查德森（2006）基于美国1998—2002 年的上市公司数据进行实证研究，发现良好的公司治理结构，如董事会设立独立董事席位的大公司可有效地降低过度投资水平，原因是董事在公司代表股东承担监督经理的信托责任，因此董事会是保护股东权益的重要治理机制，独立董事因其独立性和客观性更在其中有积极作用。按中国对上市公司的要求，上市公司中要有 1/3 以上的独立董事，通过专门设立的独立董事提名委员会提名选举。但实践中独立董事只在形式上满足要求，因而要完善独立董事制度，增强其独立客观性，强化其在公司财务、法律、市场、战略等方面的作用，作为外部人的独立董事可以借助专家如专业事务所的判断，有效减少过度投资。在所有权和控制权分离方面，中国面对的问题比西方复杂。国家作为最大的股东监督控制着国有企业，作为国家代表的管理者其身份不可避免地带有行政色彩，对企业的行为干预过多，同时，当子公司发展成熟，并不一定需要保持全资控股，因此需要减持国有股，一定程度上减少了资源的闲置，从而改变一股独大的局面。此外，引进战略机构投资者，发挥协同效应，一定程度上形成非国有性质大股东对国有大股东的监督，从而有效约束过度投资行为。

（3）完善信息披露，提高公司透明度。信息不对称使股东及其他外部关系人处于信息劣势，监督成本升高，加剧了作为内部关系人管理者的过度投资倾向。因而，完善公司的信息披露制度可以有效抑制公司的过度投资行为。

政府等其他国有资产监督管理机构在健全信息披露制度的同时要加强后续实施过程中的阶段管理，确保上市公司及时、真实、完整披露相关信息，从而提高外部投资者对企业投资的监督水平，纠正管理者非理性行为，进而抑制公司过度投资。

3. 国有企业过度投资的治理方法——宏观视角

（1）从公司治理角度。根据公司治理中的代理人理论，国有企业内部普遍存在委托—代理问题，该问题有两方面的不良后果：①委托人的利益遭受损失；②影响社会资源的配置效率。因此需要进一步推进国有企业股份制改革，加强国有资本运作。

（2）从外部环境的角度。

①资本市场的发展。伴随中国金融市场的不断发展，在风险发生概率可预测范围内，逐步引入创新型的融资工具，譬如 2016 年 11 月引入的 CDS。通过产融结合迅速提高产业集中度。负债可以有效遏制过度投资。詹森（1986）认为负债是股息的替代品，由于负债需要固定还本付息，可缓解股东与经理之间的利益冲突，同时减少经理控制的自由现金流量，从源头上降低了过度投资发生的概率。中国债券市场不发达，需要加强债券市场的建设。目前企业债券融资多从银行借款，所以需要加强银行对企业的监督，进一步推进公司债券市场的发展，改变目前资本市场对股票的依赖，使股票和债券等融资方式有机结合，企业形成良性的融资结构，资金配置趋于合理。

②健全法律制度，完善相关政策。法律应维护投资者的利益，应防

范、打击内部经理人侵占外部投资者的利益，允许股东通过集体诉讼和委托诉讼进行维权，以减少委托代理成本，从而抑制过度投资。中国国有企业需要承担社会责任且具有特殊使命和义务，因而在降低非效率投资时也要考虑到政策的影响。鉴于研究的完整性，本书也借鉴了关于中国特色社会主义国有企业经济学的研究。

根据以往改革政策的经验教训，间接和细化的调控手段是首选，从目前发展的复杂程度来看，对行业整体无针对性的政策已不再适合中国。

4.3 "混改"政策背景下企业投资效率实证研究

4.3.1 变量定义与度量方法

在 4.2 节讨论的基础上，本节将通过建立实证模型对研究最初提出的理论假设进行检验，考察混合所有制改革对于企业投资效率的影响程度和影响路径，并据此来评价其是否能够有效改善企业过度投资的现象。

为检验改革政策的有效性，本节试图回答以下两个问题。

问题 1：混合所有制改革政策出台前后，企业的投资效率是否会有显著变化？

问题 2：混合所有制改革政策实施之后，不同实际控制人背景的企业投资效率的变动程度是否有显著差异？

在建立实证模型之前，根据本节的研究问题与研究框架，并结合已有相关理论，对主要变量及其度量方法进行选择。

1. 被解释变量

本节的主要研究对象为企业的投资效率与过度投资行为。因此被解释变量应当选择能够较好衡量出企业投资效率与过度投资程度的指标。4.3 节借鉴理查德森（2006）的理论，采用非平衡面板数据对过度投资（正残差：$\varepsilon_{i,t}$）进行了估计。本节将使用该残差值作为衡量过度投资/投资效率（$Overinvest_{i,t}$）的指标，并将其作为本节实证模型中的被解释变量。

2. 解释变量

本书主要考察"混改"的政策效应，因此模型中的主要解释变量为反映混合所有制改革政策的虚拟变量。另外，为了考察"混改"对于不同性质（或所有制）企业影响的差异，还需加入反映企业性质（实际控制人性质）的虚拟变量，如果企业实际控制人性质为国有企业，该变量取1；如果企业实际控制人性质为非国有企业，该变量取0。同时，还加入了两个虚拟变量的交叉项来反映交互效应。

3. 主要控制变量

通过对拉·波特（La Porta，1999）、理查德森（2006）以及唐雪松（2007）、魏明海和柳建华（2007）、俞红海（2010）等学者的研究成果的总结归纳，发现企业的资本结构、现金流量水平、独立董事比例、大股东占款、是否发放现金股利、第一大股东持股比例、管理费用率等均会对企业的投资行为产生影响。具体来看，企业投资行为的主要影响因素可以概括为以下几个方面。

（1）管理者过度自信。在行为金融学理论框架下，现代公司金融理论在研究时考虑管理者过度自信和财务决策的关系。然而衡量管理者过度自信的指标，学界目前尚未达成一致，虽然理论研究丰富，但是实证检验相对滞后。同时，从目前公司金融理论的发展前景来看，倾向于向动态公司金融（Dynamic Corporate Finance）理论的方向发展。罗尔（Roll，1986）首次提出管理者"骄傲自恃"（Managers' Hubris）假说，来解释为何在公司收购过程中出现高估公司价值的偏差，以此衡量管理者过度自信导致这一现象的主要原因。已有文献中管理者过度自信的衡量指标包括以下几个。

①高管持股。卡朋特等（2001）采取度量高管过度自信的指标：股票期权行权期内高管仍持有本公司股票（或股票期权）的数量是否存在净增长。因为管理者认为自己可凭借经验和能力提升任职公司的绩效，使公司未来成长性良好，所以这些过度自信的管理者往往会继续持有本公司的股票。但是和股票分析师、潜在投资者等金融从业人员一样并不清楚高管卖掉股票的真正原因，譬如管理层出于税收优惠的考量、持有组合多样性的考量等因素选择卖掉公司股票。罗尔（1986）认为投资水平和现金流之间的平衡关系取决于 CEO 对自身能力的自信和公司市场价值之间的平衡。马尔门迪尔和塔特（Malmendier & Tate，2005）在此基础上，引入了行权时间的概念，将 CEO 可以行权，但其一直持有至到期（一般为 10年）定义为过度自信，同时，将习惯性增持公司股票的 CEO 也归为过度自信的管理者，其背后逻辑是，对自身管理能力越自信，则对公司未来的经营情况越有信心。

②消费者情绪指数（Mano & Oliver，1993）：对美国消费者进行定期电话访问，根据受访者对当前及预期的经济状况的个人感受编制而成。

③中国国家统计局网公布的企业景气指数：根据企业高管对当期企业生产经营状况的综合判断以及对未来发展变化的预期而编制而成。

④管理者预测偏差：如果某管理者预测的公司年度盈利水平超过实际盈利水平，则称其过度自信。林月香等（Yue xiang Lin et al.，2005）发现在融资约束程度较高的公司中，乐观的经理人比不乐观的经理人表现出更高的投资现金流敏感性。

⑤媒体评价。关于这一指标，之前研究多会选择主流媒体的评价，但是随着互联网技术的普及，现在国内外社交平台，如 Facebook、微博等也逐渐属于主流媒体。

⑥高管相对薪酬。陈信元等（2005，2009）采用相对薪酬作为薪酬管

理制度的衡量变量：

$$相对薪酬 = \frac{总经理薪酬}{\dfrac{支付给职工以及为职工支付的现金 - 总经理的现金薪酬}{员工人数 - 1}}$$

⑦其他指标：巴罗斯和西尔维（Barros & Silveira，2007）将公司中CEO与董事长为同一人视为过度自信；并购次数（Doukas et al.，2006）。

（2）信息不对称。迈尔斯和梅吉拉夫（1984）根据以往学者经验将信息不对称分为几类：第一，投资者之间的信息不对称，主要衡量指标有：①股票波动率，一般用标准差来计算；②买卖价差。第二，投资者与公司管理者之间存在信息不对称，主要衡量指标有：①多个分析师预测标准差；②机构持股数量；③"盈余预测"或"盈余盈利误差"。

（3）两权分离——企业的董事长和经理是否为同一人。考虑到以上因素的作用，本章实证研究中，还将在已有研究基础上，根据本书的研究问题以及数据获取情况在模型中加入其他控制变量。传统文献一般从公司层面考虑影响公司投资的因素，而罗尔（1986）认为公司投资决策与高管的个人性格相关。基于代理理论（Jensen，1986；Stulz，1990）或者融资约束理论（Fazzari et al.，1988），企业投资与自由现金流相关，因此在控制变量（Control）中引入公司自由现金流。根据理查德森（2006）、魏明海和柳建华（2007）、辛清泉等（2007）的研究，过度投资与无效的公司治理有关，控制了公司董事长与总经理是否两职合一、高管薪酬和第一大股东持股比例。而且，企业分红水平影响企业过度投资（魏明海和柳建华，2007），企业业绩水平也与过度投资有关，因此，在控制变量中引入净资产收益率等变量。此外，因不同行业在经济周期变化中会有不同的投资策略，故还需要控制公司的行业因素。

4.3.2 模型建立与估计

1. 模型建立

本节试图对改革政策进行评价，即考察混合所有制改革对企业投资效率的影响程度。值得深思的是，央企与国企需要承担的社会责任与政治压力，譬如：救灾、扶贫中国企扮演重要角色，政府对国企的高管薪酬有明确的最高限额，国企的应届毕业生聘任压力，直接导致央企、国企在员工辞退方面也处于十分被动的地位，因而在讨论企业资金使用效率时，要控制这些可能会产生干扰影响的因素。本章将基于双重差分模型展开实证研究并建立以下实证模型：

$$\text{Overinst}_{i,t} = \beta_0 + \beta_1 \text{policy} + \beta_2 \text{policy} * \text{SOE} + \sum \gamma_i \text{Control}_{i,t}$$

$$+ \sum \text{YearDummy} + \sum \text{IndustryDummy} + \varepsilon_{i,t} \qquad (4.2)$$

模型（4.2）中的相关变量的定义以及计算方法请见表4.5~表4.7。

表 4.5   **被解释变量的名称及计算方法**

变量	定义	计算方法
Overinvest$_{i,t}$	过度投资/投资效率	模型（4.2）中，控制实际控制人性质（SOE$_{i,t}$）之后，回归得到的正残差或负残差（$\varepsilon_{i,t}$）：$\varepsilon_{i,t} > 0$ 为过度投资的样本，$\varepsilon_{i,t} < 0$ 为投资不足的样本

表 4.6   **解释变量的名称及计算方法**

变量	定义	计算方法
policy	政策虚拟变量	2013 年"混改"政策虚拟变量

变量	定义	计算方法
SOE	实际控制人性质	将样本企业按照企业性质不同分为国有企业和非国有企业
policy * SOE	政策与实际控制人性质交互项	"混改"政策虚拟变量与实际控制人性质交互项

表 4.7　　　　　　　　　　**其他控制变量的名称及计算方法**

影响因素	定义	计算方法
融资方式	短期债权融资变动（Δshortdevt）	短期债务的变动值 $= \dfrac{\text{本期末短期负债} - \text{上期末短期负债}}{\text{平均总资产}}$
	长期债权融资变动（Δlongdebt）	长期债务的变动值 $= \dfrac{\text{本期末长期负债} - \text{上期末长期负债}}{\text{平均总资产}}$
公司治理情况	$t-1$ 期第一大股东持股比例（$top1_{i,t-1}$）	大股东持股比例 $= \dfrac{\text{第一大股东的持股数量}}{\text{总股数}}$
	董事长与总经理兼任情况（DUAL）	1 = 同一人；2 = 非同一人
	高管薪酬（$EC_{i,t}$）（Executive Compensation）	高管薪酬 = 高管前三名薪酬总额 - 不含高管领取的津贴
	独立董事人数比例（Indep）	独立董事人数比例 $= \dfrac{\text{独立董事人数}}{\text{董事总人数（含董事长）}}$
企业基本特征	持有现金水平（$Cash_{i,t-1}$）	持有现金水平 $= \dfrac{(t-1) \text{期经营活动现金流量净额}}{\text{期初总资产}}$
	成长能力（Growth）	$(t-1)$ 期的资产增长率 $= \dfrac{t \text{期营业收入} - (t-1) \text{期营业收入}}{(t-1) \text{期营业收入}}$

影响因素	定义	计算方法
企业基本特征	公司规模（Size）	$\ln(t-1)$ 期总资产
	公司上市时间（$\mathrm{Age}_{i,t}$）	公司上市年数
	$\mathrm{ROA}_{i,t}$（Return on Asset）	总资产收益率
其他控制变量	企业所处行业（IndustryDummy）	按证监会的分类标准（除制造业继续划分为小类外，其他行业以大类为准），共设 16 个行业虚拟变量
	年度变量（year）	2010—2016 年
	时间趋势项（trend）	年度时间趋势项用来捕捉宏观经济活动、金融市场在这段时间内的发展和变动趋势

注：《关于在上市公司建立独立董事制度的指导意见》规定：2002 年 6 月 30 日前，董事会成员中应当至少包括 2 名独立董事；在 2003 年 6 月 30 日前，上市公司董事会成员中应当至少包括 1/3 独立董事。

2. 模型估计与结果分析

在模型估计中，由于连续上市的公司的财务数据特征异常值较少，因而选择连续上市的公司即平衡面板数据作为研究样本对模型进行估计。由于观测不到"混改"政策出台之前政策所带来的影响，因而采用反事实的估计方法，即双重差分法，对国有企业在"混改"政策出台前后的企业过度投资行为的变化进行实证检验。

（1）模型估计。基于建立的双重差分模型，使用平衡面板数据对模型进行估计。需要说明的是，面板数据模型包括随机效应模型与固定效应模型，而 Hausman 检验（由 Jerry Hausman 提出）结果显示，随机效应模型（Random Effects Regression Model）与固定效应模型（Fixed Effects Regression Model）的估计结果是一致的，因此本节的结果分析将以固定效应模型的估计结果为准。模型估计结果见表4.8。

表4.8　　　　DID 模型实证结果——过度投资度量方程的回归结果

变量	代码	平衡面板 fe overinvest	平衡面板 re overinvest
"混改"政策	policy	0. 167 *** (0. 0192)	0. 106 *** (0. 0185)
政策与股权交互项	policy * SOE	- 0. 0723 *** (0. 0180)	- 0. 0667 *** (0. 0183)
实际控制人性质	SOE	0. 00627 (0. 149)	0. 0271 (0. 0215)
短期融资	Shortdebt	0. 265 *** (0. 0263)	0. 0342 (0. 0656)
长期融资	Longdebt	0. 657 *** (0. 0563)	0. 0854 (0. 0602)
第一大股东持股比例	top1	0. 002 ** (0. 001)	0. 001 (0. 000524)
前三名高管薪酬	EC	0. 0644 *** (0. 0140)	0. 0146 (0. 0204)
独立董事人数	Indep	- 0. 0919 *** (0. 0165)	- 0. 0524 *** (0. 0162)
内部控制变量	DUAL	0. 011 (0. 015)	0. 015 (0. 013)
现金持有水平	CASH	0. 360 *** (0. 058)	0. 249 *** (0. 049)
企业规模	size	- 0. 045 *** (0. 013)	- 0. 012 * (0. 006)

变量	代码	平衡面板 fe overinvest	平衡面板 re overinvest
成长能力	GROW	-0.00637^{***} (0.00296)	—
上市年限自然对数	Age	-0.234^{***} (0.047)	-0.032^{*} (0.018)
行业	industry	控制	控制
年份	year	控制	控制

注：N 为 9200。括号中为标准误差，$*$ 表示 $p < 0.1$，$**$ 表示 $p < 0.05$，$***$ 表示 $p < 0.01$。

（2）结果分析。如表 4.8 的回归结果所示：从 9200 个初始样本中，平衡面板实证回归结果显示：政策出台后，企业投资效率有所提升。从表 4.8 可以看出，短期融资和长期融资均与过度投资正相关，第一大股东持股比例与过度投资正相关，说明应加强对于合理的股权结构的重视程度；从高管薪酬的角度来看，由于业绩与绩效挂钩，高管薪酬也与企业过度投资正相关，实证结论进一步验证了：若高管薪酬受限，那么需要其他激励措施来促使其履行代理经营的义务；处于成长期的企业由于融资渠道较窄且前期发展所需资金较多，因此不容易过度投资；而处于成熟期的企业如果持有很多现金，会倾向于投资。国资背景的企业相比非国资背景的企业，过度投资问题较为严重。通过表 4.8 中实证结果显示："混改"政策与实际控制人交互项（policy * SOE）负相关，且验证了研究 2 提出的假说，即"混改"之后的国企投资效率有所提高。上述实证结果显示："混改"政策与企业实际控制人性质交互项系数为 -0.0723，但是政策对于非效率投资的敏感性系数为正，说明政策需要通过实际控制人性质才能对改善投资效率起作用，即和本轮"混改"政策的初衷一样，主要作用于国企。市场参与者有可能会质疑改革政策背后的经济学原理和实证检验结果，因而投资者信心的树立在此时显得尤为重要。投资者如果相信"混改"可持续，则"混改"的成功概率就高，说明政府的公信力在改革政策实施过程中的重要性，目前中国通过采取政策干预的方式使市场参与者相信其将兑现"混改"承诺，如从中央到地方的推进，非政治手段如媒体宣传。

3. 混合所有制改革政策影响企业投资效率的路径检验

许多文献试图寻找融资约束对于企业投资效率的影响机制，发现企业面临的融资约束通过影响企业的投融资行为对其投资效率形成重要影响。譬如法扎里等（Fazzari et al.，1988）首次把融资因素（内部现金流量）引入投资模型，并建立投资——内部现金流量敏感性分析模型，其实证研究结果显示：企业的投资效率同时受到公司内外部资金的共同影响，这归因于企业存在融资约束。融资约束相对较强的企业，其投资行为更加依赖于内部现金流。企业面临的融资约束程度与投资、内部现金流量的敏感性正相关。之后，亚科维耶洛（Iacoviello，2005）以及清泷和穆尔（Kiyotaki & Moore，1997）在考虑融资约束条件的基础上构建了影响企业过度投资的理论模型。

4.3.3 稳健性检验

1. 门限回归模型（阈值回归模型）

鲍克（Balke，2000）基于1960—1997年GDP、联邦基金利率，信贷市场状况数据，采用门限向量自回归（Threshold Vector Autoregression，TVAR）的方法，得出以下结论：在宽松信贷环境下，宏观冲击对经济波动的冲击较弱。"混改"政策实施后，资本市场、政企关系等情况的改变导致依赖关系可能发生改变，因而本节还将参考汉森（Hansen，1999）提出的非动态面板门限模型，将门限模型拓展到面板数据框架下，对实证模型进行稳健性检验。需要说明的是，由于"混改"的试点仍在推进且试点时间较短，暂且无法考察政策的长期影响。因此，本书的研究思路更大程度上是分析"混改"这一宏观经济政策与微观企业行为之间的相关关系，未能在"反事实"分析框架下作出"混改"对企业投资行为变动影响的因果推断，但仍是基于现实背景的一种新颖的尝试。具体的问题是自 2013 年新一轮"混改"概念出台之后会对企业的投资行为带来什么影响，这种影响与实际控制人性质有什么样的关系，国有企业竞争规范程度会给这种影响带来什么样的冲击。

（1）模型设定。将门限回归模型（Hansen，1999）的基本形式定义为

$$y_{i,t} = \mu_i + \theta_1' x_{i,t} + e_{i,t}, \quad q_{i,t} \leq \gamma \tag{4.3}$$

$$y_{i,t} = \mu_i + \theta_2' x_{i,t} + e_{i,t}, \quad q_{i,t} > \gamma \tag{4.4}$$

式中，作为解释变量的 $x_{i,t}$ 是一个 m 维的列向量。q_i 被称为门槛变量，汉森（1999）认为门槛变量既可以是解释变量 $x_{i,t}$ 中的一个回归元，也可以作为一个独立的门限变量。根据其对应的、待估计的门限值 γ，可将样本分成两类；$e_{i,t}$ 服从独立同分布假设（Independent and Identically Distributed，IID）。

将上述模型的形式改写成单一方程形式时，需要定义一个虚拟变量 $d_i(\gamma) = \{q_i \leq \gamma\}$，此处 $\{d_i\}$ 是一个指示函数。令集合 $x_i(\gamma) = x_i d_i(\gamma)$，则可以得到式（4.3）与式（4.4）的组合形式，即

$$y_{i,t} = \mu_i + \theta_1' x_{i,t} 1(q_{i,t} \leq \gamma) + \theta_2' x_{i,t} 1(q_{i,t} > \gamma) + e_{i,t} \tag{4.5}$$

$$= Z_{i,1} \qquad\qquad = Z_{i,2} \tag{4.6}$$

$1(\cdot)$ 为指示性函数，即如果括号中的表达式为真，则取值为 1；反之，取值为 0。通过这种添加虚拟变量的方式，可知 $\theta = \theta_2$，$\delta_n = \theta_2 - \theta_1$。将式（4.5）进一步改写成矩阵形式，即

$$Y = \mu + X\theta + X_\gamma \delta_n + e \tag{4.7}$$

此时模型中的回归参数为 $(\theta, \delta_n, \gamma)$。在 γ 给定的前提下，θ 和 δ_n 是线性关系。因此，根据条件最小二乘估计方法，用 $X_\gamma^* = [X \ X_r]$ 对 Y 回归，得到相应的残差平方和函数为

$$S_n(\gamma) = S_n(\theta(\gamma), \delta(\gamma), \gamma) = Y'Y - Y'X_\gamma^*(X_\gamma^{*\prime}X_\gamma^*)^{-1}X_\gamma^{*\prime}Y$$

估计得到的门限值就是使 $S_n(\gamma)$ 最小的 $\hat{\gamma}$，被定义为

$$\hat{\gamma} = \arg\min_{\gamma \in \Gamma_n} S_n(\gamma) \tag{4.8}$$

式中，$\Gamma_n = \Gamma \cap \{q_1, \cdots, q_n\}$。汉森（1999）将门限变量中的每一观测值均作为可能的门限值，将满足式（4.8）的测量值确定为门限值。当门限估计值被确定之后，其他参数值也就能够相应地确定。

（2）显著性检验。门限回归模型显著性检验的目的是，检验以门限值划分的两组样本其模型估计参数是否显著不同。因此，不存在门限值的原假设为 H_0：$\theta_1 = \theta_2$，同时构造 LM 统计量为

$$L = n\frac{S_0 - S_n(\hat{\gamma})}{S_n(\hat{\gamma})} \tag{4.9}$$

式中，S_0 是在零假设下的残差平方和。由于 LM 统计量并不服从标准的正态分布。因此，汉森（1999）提出了通过自举法（Bootstrap）来获得渐进分布的想法，进而得出相应的概率 p 值，也称为 Bootstrap p 值。这种方法的基本思想是：在解释变量和门限值给定的前提下，模拟产生一组因变量序列，并使其满足 $N(0, \hat{e}^2)$，其中 $\hat{e}$ 是式（4.7）的残差项。每得到一个自抽样样本，就可以计算出一个模拟的 LM 统计量。将这一过程重复 1000 次，汉森（1999）认为模拟产生的 LM 统计量大于式（4.9）的次数占总模拟次数的百分比就是自举法估计得到的 p 值。这里的 Bootstrap p 值类似于普通计量方法得出的相伴概率 p 值。例如，当 Bootstrap p 值小于 0.01 时，表示在 1% 的显著性水平下通过了 LM 检验，以此类推。

（3）置信区间。当确定某一变量存在门限效应时，还需要进一步确定其门限值的置信区间。即对零假设 H_0：$\hat{\gamma} = \gamma$ 进行检验，似然比统计量（Likelihood Ratio Statistic）可表示为

$$LR_n(\gamma) = n\frac{S_n(\gamma) - S_n(\hat{\gamma})}{S_n(\hat{\gamma})} \tag{4.10}$$

汉森（1999）认为，当 $LR_n(\gamma) \leqslant c(\alpha) = -2\ln(1-\alpha)$ 时，不能拒绝零假设（α 表示显著性水平）。其中，在 95% 的置信水平下，$c(\alpha) = 7.35$。

以上检验过程为只有一个门限值的检验过程，为了能确定是否存在两个门限值或更多的门限值，我们应当检验是否存在两个门限值，拒绝 L 意味着至少存在一个门限值。可以假设估计 $\hat{\gamma}_1$，然后开始寻找第二个门限值 $\hat{\gamma}_2$。在确定有两个门限值后，再寻找第三个门限值，方法都和前面的一样，直至不能拒绝零假设。

（4）全样本估计结果。研究设定"混改"之后为 PO_1，"混改"之前为 PO_0，根据以上设定，对模型进行回归，可得到如表 4.9 所示的估计结果。

表 4.9 门限效应回归结果

模型	Overinvest（probit）	Overinvest（logit）
PO_1 SOE	−0. 105 *** （0. 035300）	−0. 175 *** （0. 057100）
PO_0 SOE	0. 016200 （0. 043800）	0. 027300 （0. 071500）
PO_1 lnAge	0. 156 *** （0. 026100）	0. 243 *** （0. 042500）
PO_0 lnAge	−0. 128 *** （0. 032400）	−0. 210 *** （0. 053200）
PO_1 GROW	0. 00801 * （0. 000587）	0. 0168 * （0. 000525）
PO_0 GROW	−0. 000115 *** （0. 000039）	−0. 000198 ** （0. 000086）
PO_1 Lev	0. 279 ** （0. 138000）	0. 647 *** （0. 216000）

续表

模型	Overinvest（probit）	Overinvest（logit）
$PO_0 Lev$	0.0556 * （0.032200）	0.0933 * （0.054500）
$PO_1 CASH$	0.238 ** （0.119000）	0.476 ** （0.190000）
$PO_0 CASH$	− 0.293 ** （0.126000）	− 0.477 ** （0.205000）
$PO_1 size$	− 0.0315 ** （0.014500）	− 0.0628 *** （0.023400）
$PO_0 size$	− 0.0319 ** （0.015900）	− 0.0530 ** （0.025800）
$PO_1 return$	− 0.0675 *** （0.0243）	− 0.111 *** （0.0403）
$PO_0 return$	− 0.0334 （0.0297）	− 0.0539 （0.047900）
industry	控制	控制
year	控制	控制
_cons	− 0.770 *** （0.205000）	− 1.182 *** （0.339000）

注：N 为 14043。＊表示 $p < 0.1$，＊＊表示 $p < 0.05$，＊＊＊表示 $p < 0.01$。

门限回归的结果见表 4.9。在控制其他影响因素之后，2013 年"混改"政策出台之后，实际控制人为国资背景的企业其非效率投资的情况在国企中是有所减少的，即过度投资的现象一定程度上有所缓解。

2. 用 Tobin's Q 度量公司成长性

如 4.3 节所述，关于公司成长机会的度量，文献并未达成共识［如唐雪松等（2010）选择用 Tobin's Q 衡量］。本书在初始回归时，选择了理查德森对成长机会度量的方法，即用总资产增长率 $\text{Grow}_{i,t-1}$ 来度量企业成长机会。将进一步使用 Tobin's Q 度量公司成长性，对模型进行稳健性检验。

Tobin's Q 被定义为企业股票市值与股票所代表的企业资产重置成本的比值。根据 Tobin's Q 理论，如果 Tobin's Q 大于 1，即企业的市场价值大于重置成本，则企业有动力扩张投资，那么投资会产生正的经济价值，也可以理解为，公司的股票价格将对企业投资产生影响；而当 Tobin's Q 小于 1 时，由于企业的市场价值小于重置成本，则资产增长是对公司价值的破坏。

詹姆士·托宾等（James Tobin et al.，1981）提出投资 Q 理论，他认为投资是企业成长机会的增函数，而现实中企业投资受到外部融资约束，公司自有资金往往成为支持企业成长的首要资金来源（Myers & Majluf，1984）。有的学者运用边际 Tobin's Q，但是边际值较难度量，一般采用平均 Tobin's Q 代替（Chan et al.，2003）。

Tobin's Q 的计算公式为

$$\text{Tobin's Q} = \frac{\text{市值}}{\text{资产总计} - \text{无形资产净额} - \text{商誉净额}}$$

当分母未公布或为零或小于零时，以 NULL 表示。

式中，市值的计算公式为

市值 = 总股数 − 境内上市的外资股 B 股 × 今收盘价 A 股当期值

　　　+ 境内上市的外资股 B 股 × 今收盘价当期值 × 当日汇率

　　　+ 负债合计本期期末值

当分母未公布或为零或小于零时，以 NULL 表示。

使用 Tobin's Q 度量公司成长性所得的模型估计结果如表 4.10 所示。从表 4.10 可以看到，Tobin's Q 作为上市公司成长的指标对新增投资的影响在 1% 的水平下显著，与表 4.9 中门限回归的情况一致。

表 4.10 稳健性检验结果——用 Tobin's Q 度量公司成长性（过度投资测算）

NewInv1	Coef.	P 值
Tobin's Q	− 0.000961 **	(0.000371)
Lev	− 0.0132 ***	(0.00365)
Cash	0.0667 ***	(0.00789)
lnAge	− 0.000991 ***	(0.000135)
Size	− 0.00153 *	(0.000718)
Return	0.00313 ***	(0.000798)
NewInv0	0.486 ***	(0.0137)
Y	控制	
_cons	0.0795 ***	(0.0170)

注：N 为 9211。adj. R − sq：0.357。* 表示 $p < 0.05$，** 表示 $p < 0.01$，*** 表示 $p < 0.001$。

因此，企业成长机会与净现金流量是影响企业投资的两个基本因素。公司管理者如何在企业成长性与自由资金持有量的权衡中进行投资决策，职业经理人，作为公司投资的代理方，其自身过度自信的特质（DUAL）对具有不同成长性的企业，如何进行投资决策？表 4.11 的结果进一步为应对企业过度投资问题，给出了不同的预测和解释。如企业隐匿投资意向与投资期望扩张：当企业的投资动向处于隐秘状态，存在的潜在危机是开发公司一般不公布开发计划，结果常常是数家公司在同一地段建造同质性很高的楼房，由于优质地段房价居高不下，因而每个公司都不愿放弃投资，过度投资由此形成。

表 4.11 稳健性检验结果——用 Tobin's Q 度量公司成长性
（"混改"政策效应 DID 模型估计结果）

Overinvest	Coef.	P 值
SOE	− 0.0794 ***	(0.00167)
DUAL	− 0.000156	(0.000349)

续表

Overinvest	Coef.	P 值
EC	0.00119 ***	(0.000252)
ROA	0.0000154	(0.0000199)
top1	0.0000177	(0.0000121)
policySOE	− 0.0152 ***	(0.000555)
policy	0.0142 ***	(0.000857)
Cash	− 0.00105	(0.00134)
Industry	控制	
Year	控制	
_cons	0.180 ***	(0.00489)

注：N 为 9211。adj. R − sq 各 0.481。* 表示 $p < 0.05$，** 表示 $p < 0.01$，*** 表示 $p < 0.001$。

为了促进新兴行业的发展，政府通过政策优惠的手段资助某些行业以鼓励其投资，一定程度上涉及地方政府政绩，但现有的国内研究主要从地方 GDP 吸引外资、区域投资规模等角度来讨论地方政府为追求政绩而存在的竞争行为（周黎安，2004，2007；Li & Zhou，2005）。与此相对应，政府也会对某些行业实行限制政策。

4.3.4 企业融资约束对其投资效率的影响机制研究

伴随着混合所有制改革进程的深化，政府在资本市场中的主导作用淡化，政府通过管理资本，作为资金提供者根据市场化指标来决定资金流向。对于国有企业，理论上，其面临的融资监管有所加强，同时，多元化的融资来源改变了国企过度依赖自持现金的情况，虽然提高了其融资成本，但是一定程度上，使其管理者更重视内部现金流投资效率，进而减少了过度投资行为。企业自由现金流（Free Cash Flow，FCF）指企业经营活动所产生的现金流量扣除了 NPV 为正的投资所需后，剩余的现金流（Jenson，1986）。另外，由于所有权与经营权分离的企业制度，现代企业往往都面临着或大或小的委托代理问题，即企业经营者由于自身目标与所有者目标背离，通常会利用信息不对称来为自己谋求利益，而同时也损害了所有者利益。当企业内部存在较大的自由现金流时，更方便了企业经营者实现自身利益的最大化，同时与所有者利益最大化相背而驰。其中，最典型的情况就是经营者利用企业自由现金流进行过度投资（如投资 NPV 为负的项目），进而构建自己的商业帝国（Hart，1995）。而融资约束提高了企业获得外源融资的难度，当企业的内部现金流不足时，无法随意地通过外部渠道筹资，因而管理者对待投资决策更加审慎。从另一个角度看，融资约束增加了企业的外源融资成本，高昂的利息使得企业自由现金流减少，进而减少了管理者的过度投资。综上所述，融资约束可以降低企业发生过度投资行为的可能性（Denis & Sibilkov，2009）。特别地，由于国有企业控制层级通常较多，委托代理关系与传统公司治理不同，表现为所谓的所有者"缺位"，因而对国有企业管理者经营能力的监管在过去一段时间较为缺乏，方便了其利用企业资源最大化自身利益。进一步讲，当国有企业存在大量自由现金流时，其所面临的代理问题更严重，其发生过度投资的可能性更高。基于此，融资约束对国有企业的过度投资影响应该更加深远，对其过度投资行为的抑制效应应该更为显著（王满和徐晨阳，2016）。

1. 模型设计

基于以上讨论，本节还将进一步考察混合所有制改革背景下企业所面临融资约束的变化对企业投资效率的影响。将建立二元选择 Probit 模型来描述企业是否存在过度投资的影响因素。考虑以下模型：

$$Y_{i,t} = \begin{cases} 1, & Y_{i,t}^* > 0 \\ 0, & Y_{i,t}^* < 0 \end{cases}$$

式中，$Y_{i,t} = 1$ 表示企业在特定年度存在过度投资现象；$Y_{i,t} = 0$ 表示企业在特定年度不存在过度投资现象（其中囊括了投资不足的情况）；潜在变量 $Y_{i,t}^*$ 代表第 i 个企业的潜在融资约束。由于企业是否有过度投资的状态 $Y_{i,t}$ 为离散变量，因而 $X_{i,t}$ 与 $Y_{i,t}$ 为非线性函数关系，建立方程为

$$Y_{i,t}^* = \alpha + X_{i,t}\beta + \varepsilon_{i,t}$$

式中，α 是常数项，$\beta = (\beta_0, \beta_1, \cdots, \beta_K)^K$，为回归系数向量，$X_{i,t} = (x_{1,1}, x_{2,2}, \cdots, x_{K,T})$ 表示第 i 个企业第 t 期的值（$i = 1, 2, \cdots, k; j = 1, 2, \cdots, n$），随机误差项 $\varepsilon_{i,t} \sim N(0, 1)$。$Y_{i,t} = 1$ 的企业过度投资概率为

$$P(Y_{i,t} = 1 \mid X_{i,t}) = P(Y_{i,t}^* > 0 \mid X_{i,t}) = \Phi(\alpha + X_{i,t}\beta)$$

$Y_{i,t} = 0$ 即企业无过度投资的概率为

$$P(Y_{i,t} = 0 \mid X_{i,t}) = 1 - P(Y_{i,t}^* > 0 \mid X_{i,t}) = 1 - \Phi(\alpha + X_{i,t}\beta)$$

参考"混改"政策与企业融资约束模型构建，此处引入公司实际控制人性质与融资约束交互项，来衡量融资约束（实际控制人）异质性对于企业投资效率的影响，理论上融资约束强会导致国企外源资金减少，因而国有企业更重视内部现金流投资效率，所以过度投资减少。根据以上分析，建立实证模型为

$$P(\text{Overinvest} = 1 \mid X) = G(X\beta) \equiv p(X) \tag{4.11}$$

$$p(X) = \alpha_0 + \beta_1\text{policy} + \beta_2\text{SOE}_{i,t} + \beta_3\text{SA} + \beta_4\text{SA} * \text{SOE}_{i,t}$$
$$+ \sum \gamma_i\text{Control}_{i,t} + \sum \text{YearDummy} + \sum \text{IndustryDummy} + \varepsilon_{i,t}$$

$$\tag{4.12}$$

需要说明的是，此模型中选取的变量与第 3 章类似，区别在于模型中加入了融资约束指标（SA）以及融资约束与企业实际控制人性质的交互项（SA * SOE）。

2. 模型估计及结果讨论

根据构建的企业融资约束与投资效率实证模型进行估计，估计结果详见表 4.12。

表 4.12 融资约束对企业投资效率影响模型估计结果

变量	（1）平衡面板 （SA – overinvest）	（2）probit （HFC1 – overinvest）
"混改"政策 （policy）	– 0.202 *** （0.0683）	– 0.0548 *** （0.0160）
实际控制人性质 （SOE）	0.528 * （0.273）	0.0671 （0.0429）
融资约束综合指标 （SA/HFC1）	– 2.353 *** （0.227）	0.0696 * （0.0387）
交互项 （SA * SOE/HFC1 * SOE）	0.233 * （0.128）	– 0.0260 （0.0545）
融资方式 短期负债（shortdebt）	0.802 *** （0.0826）	0.763 *** （0.0821）
融资方式 长期负债（longdebt）	2.315 *** （0.185）	2.203 *** （0.186）
第一大股东持股比例 （top1）	– 0.0135 *** （0.00213）	– 0.0136 *** （0.00212）
前十大股东持股比例 （top10）	0.0120 *** （0.00222）	0.0127 *** （0.00221）
高管持股比例 （manage）	– 5.217 *** （1.078）	– 4.798 *** （1.072）
资本收益率 （ROA）	0.669 *** （0.110）	0.665 *** （0.111）
资产负债水平 （Lev）	0.295 *** （0.0439）	0.274 *** （0.0460）
董事会总经理是否为同一人 （DUAL）	0.0180 （0.0315）	0.0165 （0.0313）
持有现金水平 （CASH）	– 0.231 ** （0.114）	0.00272 （0.111）

续表

变量	（1）平衡面板 （SA – overinvest）	（2）probit （HFC1 – overinvest）
公司规模 （size）	– 0. 169 *** （0. 0153）	– 0. 0908 *** （0. 0134）
独立董事个数 （indep）	– 0. 444 * （0. 253）	– 0. 422 * （0. 252）
高管薪酬 （EC）	0. 0921 *** （0. 0221）	0. 0952 *** （0. 0220）
上市年份对数 （lnAge）	– 0. 834 *** （0. 0868）	0. 0362 （0. 0313）
公司成长能力 （GROW）	– 0. 000258 （0. 000293）	– 0. 000269 （0. 000312）
行业	控制	控制
年份	控制	控制
_cons	– 2. 058 *** （0. 309）	– 0. 369 （0. 240）

注：N 为 9250。* 表示 $p < 0.1$，** 表示 $p < 0.05$，*** 表示 $p < 0.01$。

由表 4. 12 得出直观结论：企业的融资约束与过度投资情况负相关，这一结论很好理解，即企业的融资成本越高，当期可支配现金越少，因而过度投资的情况也相应减少。但是国企的外源融资难度与其过度投资负相关，该实证结果进一步证实了国企的外源融资主要来源于银行贷款、借债，该项反映国企融资约束对于过度投资的影响相关系数为正，这与前面提到的度量融资约束综合指标的缺点相呼应。国企"不缺钱"现象，导致其内部现金使用效率较低，这也和最初的猜测相符合。

从表 4. 12 中，融资约束（SA）会抑制企业的过度投资行为，但对于国企而言，这种抑制效果会被削弱。企业的负债无论是短期的还是长期的，均与企业过度投资正相关；笔者发现提高第一大股东持股比例可以有效降低过度投资行为，一定程度上反映了权利与资源集中度与效率正相关；而前十大股东持股比例越高反而会越愿意投资；高管持股比例与过度投资的情况负相关，这与之前文献的结论一致，当经理人与股东的目标不一致时，倾向于自利性选择，因而通过过度投资，譬如以扩大企业规模为名，达到权力寻租的目的。企业盈利越好，越容易过度投资，表明我国企业的投资行为存在一定的非理性；资产负债率也与企业过度投资正相关。但随着企业规模的扩大，企业会控制过度投资行为。此外，笔者还发现，过度投资与企业持有的现金以及独立董事人数负相关，过度投资会消耗企业现有资金，而独立董事参与公司治理会对公司的过度扩张和投资进行干预。高管薪酬与过度投资正相关，通常投资会带来更好的回报，也会提高管理层的薪酬，因此两者正相关。根据以上分析，"混改"政策出台，使企业竞争环境市场化，进而可以提高企业经营、投资效率；此外，短时间内国有企业政策性偏向减轻，进而减轻了预算软约束，但是投资者更看好国企的转型，因而国企并未出现融资约束上升的情况。此外，自2013年年末出台"混改"政策后，上市公司内部股东的积极作用逐渐凸显，进一步完善"混改"政策与上市公司融资约束的研究。在中国致力于发展现代企业制度的背景下，落实"混改"细节，中国企业的市场化程度逐渐提高，从而银行在发放贷款时对于企业实际控制人性质的歧视逐渐减少：国企的投资者更加多元化，财务状况更加健康，因而更加重视内部现金流的使用效率，所以过度投资减少。国有企业的治理结构层次较多会导致内控体系不够高效，或在某种程度上被潜在投资人认为缺乏效率，这也是第5章讨论的重点。

4.3.5 央企、国企的"混改"情况汇总

在总结国资"混改"情况时，要将央企与国企分别进行讨论，央企直接隶属于国务院国资委或中央部委，并且作为全民所有制公司是国民经济

的支柱，因而与地方国企有所区别，在"混改"方向上，二者区别较大。2013—2019 年垄断行业"混改"推进工作已有实质性进展，涉及多家集团公司和上市公司，譬如铁路、民航、电信等领域纷纷试点股权激励计划。民航方面，2017 年，东航物流试点开展国家民航领域混合所有制改革，是民航领域首家进行"混改"的试点企业，引入了联想控股、普洛斯、德邦、绿地四家投资者，实现了股权多元化。"混改"之后，核心员工持有的东航物流股份为：东航集团 45%、联想控股 25%、普洛斯 10%、德邦 5%、绿地 5%、东航物流 10%。东航成为央企中首批试点企业。电信领域，2016 年中国联通入选国家首批改革试点，引入互联网公司（腾讯信达、百度鹏寰、京东三泓、阿里创投）、垂直行业（苏宁云商、光启互联、滴滴、网宿科技、用友网络及宜通世纪）、金融企业产业集团（中国人寿和中国中车）和产业基金（中国国有企业结构调整基金股份有限公司与前海母基金），并向核心员工授予联通 A 股限制性股票，实施限制性股权激励计划。2016 年 9 月，中华人民共和国国家发展和改革委员会（以下简称国家发展改革委）将东方航空集团、联通集团等 9 家央企列入首批试点；2017 年 3 月，"混改"第二批公布 10 家试点企业；前两批选定的 19 家试点企业涉及配售电、电力装备、高速铁路、铁路装备、航空物流、民航信息服务、基础电信、国防军工、重要商品、金融等重点领域，都是行业内的代表性企业。2018 年 8 月，第三批"混改"试点企业有 31 家，其中，中央企业子企业 10 家，地方国有企业 21 家。截至 2019 年 5 月，第四批"混改"试点企业获国家发展改革委批准，共有 160 家企业，其中，中央企业 107 家，地方国有企业 53 家，涉及企业资产 2.5 万亿元。值得注意的是，第四批"混改"试点领域不局限于电力、石油、天然气、铁路、民航、电信、军工等重要领域，既包括传统制造业领域的国有企业，又包括互联网、软件及信息技术服务、新能源、新材料和节能环保等战略性新兴产业的国有企业。

4.4 本章小结

本章的初衷是考察混合所有制改革在改善企业的投资行为方面是否存在显著作用，并在实证研究结论的基础上，剖析了不同所有制企业过度投资情况的成因，并有针对性地提出解决方案，试图提出政策建议。随着系列政策的出台，关于政策是否会对企业的投融资效率产生积极影响还需要经过更多时间的检验。目前，国企的资金使用效率已经有很大程度的提升。在提高资金使用效率方面，有针对性地进行国企（如国企融资平台）去杠杆。

4.2 节详细梳理了与过度投资有关的文献，发现过度投资的计量方法虽然在 21 世纪初充分发展，但仍有需要改进之处，譬如在金融危机前后企业的过度投资方程改变，仅基于财务指标而忽略企业经营模式、预期成长情况等测算的过度投资指标存在有偏估计的可能性。此外，关于过度投资的计量方法，目前国内学者主要参考目前应用较广的计量方法，但是中国在公司治理制度环境、发展阶段等方面均同国外存在一定的差异，所以这些计量方法基于中国国情的适用性仍需进一步检验。譬如国内近期对企业过度投资的计量方法，主要借鉴理查德森（2006）的方法，因为这一方法可以计量特定公司特定年度过度投资的程度，但是该计量方法中估计出的预期值并不一定是最优的预测结果，这也是笔者在研究中讨论的问题。计量方法的不同或运用不当有可能与在国外已经验证的结论产生矛盾，譬如对于融资约束是否是导致中国企业过度投资产生的原因，对于各类公司治理机制对过度投资的制约作用。政府、企业和高校等研究机构的合作将更加重要。4.3 节重点考察了混合所有制改革政策背景下对于企业非效率投资，尤其是过度投资情况的影响。首先在理论分析的基础上，提出了一系列假设，然后基于理论假设，使用反事实估计处理效应双重差分模型展开了实证研究。从企业可持续发展的角度，经营能力至关重要，应从制度上摒弃"多做多错，不做不错"的工作作风。国企合并更利于资源整合，同时，积极参与"混改"的各企业应通过改善财务状况、经营模式及治理结构，进而提升企业融资方面的优势。

此外，样本企业除传统的代理人问题之外，还存在从职业经理人的在职消费发展为通过过度投资的手段达到权力寻租的情况。而政府的决定关系到企业的发展，因而在现有的监管模式下，寻租行为天然存在，进而导致企业过度投资问题不断加剧，因而政府与国企在此方面应当同时进行改革。在第 5 章继续探讨改革政策与企业的内部治理等问题。本章重点考察政策对于企业过度投资的影响机制，分析了基于公司层面的相关要素对企业过度投资的影响。通过实证研究确认过度投资存在后，归纳非效率投资的形成机制，为上市公司提高投资效率、防范和治理过度投资提供理论依据，随后揭示了混合所有制改革政策与上市公司过度投资之间的联动性。

第5章 混合所有制改革
与公司治理研究

5.1 引　　言

　　混合所有制改革不仅涉及国家宏观层面的政府角色转换，即从投资刺激为主的调控模式逐渐向供应结构调整为主的调控模式转换，同时，涉及微观企业治理结构层面的变革。那么"混改"究竟是否会对企业行为产生影响，并有效改善企业经营机制与提高企业运行效率？关于这些问题的探讨还需要理论和实证的相关支持，从而为未来改革方向的确立与相关政策的制定和完善提供参考借鉴，为企业创造良好的发展环境。从1978年开始，中国步入了改革开放时期，正式由计划经济向市场经济过渡。经济体制的转型，为中国带来了巨大的发展动力。四十多年来，中国经济增长迅速，并在2010年一跃成为世界第二大经济体，取得的成就举世瞩目。但是不可否认，中国还处于经济转型时期，各项制度还需进一步完善，市场在经济活动中尚不具备发挥主导作用的能力，政府这一主体仍然在经济活动中发挥重要的作用，因而关于政府"既是运动员又是裁判员"的评论仍较多。金融业发展滞后，金融监管体系不健全，融资平台单一，政府利用其强势的宏观调控权干预市场经济的运行，企业处于不完全竞争市场中，其经营绩效与政企关系可谓息息相关。为此，民营上市公司会主动寻求与政府的联系，作为企业自身发展的"保护伞"。法律和制度是市场经济体制的重要前提。俄罗斯的国有资产改革实践并不成功，根据世界银行的统计，1992—1995 年 GDP 跌幅高达 33%，同时，基尼系数上升22.5%，意味着贫富差距显著加剧（Lokshin & Popkin，1999）。显然，将国有企业私有化或直接出售给具有政治关系的非国资机构或个人十分简单，而同步建立有效的管理机制则复杂得多。如果国企改制和制度建设不能同步，可能导致社会整体效率下降，即寻租现象严重，滋生腐败，国民生活水平急剧下降。

管理层对于私人性质的企业的经营业绩有重大影响，同时，公共企业的管理层对于公共企业的业绩起到关键作用。企业的政治联系可以给企业带来许多好处，比如，企业可以凭借与政府的非正常联系取得更多的银行贷款和财政补贴以及更加优惠的利率和税率，而这些好处对民营企业而言十分重要。在这些众多的好处中，企业融资优惠为重中之重。在这种特殊发展阶段的背景下，企业与政府之间关系的形成与发展的目的变得不够纯粹，如地方政府为了满足当地财政收支，而民企为了企业发展，这种隐性的关系影响着企业的经营发展、投融资政策以及银行等金融机构的信贷政策。面对这些制度限制，许多企业选择依靠非正式的制度安排来缓解融资约束，如行贿、与政府建立非正常联系等，其中通过"吃喝"腐败与相关执政者建立政治联系也是一种较为直接普遍的做法。政企关系处理得当的企业可以获得更多的投资机会、政府补贴、信贷优惠等好处。2012 年央企上市公司动辄亿元的业务招待费引起各界关注，中国铁建爆出 8.37亿元巨额招待费，招待费超过亿元的央企包括中国交建、中国水电、上海建工、葛洲坝集团、中国北车等。中国共产党第十八次全国代表大会以来中国反腐工作推进，落马官员的数量惊人。著名的非营利性国际非政府组织（Non‑Governmental Organizations，NGO）透明国际（Transparency International，TI）2016 年的腐败感受指数统计显示：中国在参与排名的 177

个国家中位列第 79 名。2011 年该机构调查了全球 3000 余家企业或公司的 CEO 或公司实际控制人在公司经营过程中的行贿指数（Bribe Payers Index，BPI），中国 BPI 得分 6.5，在全球 28 个国家或地区排名倒数第二。行业层面，全球被调查的 19 个行业中，公共工程和建筑得分 5.3，即最易产生腐败的行业，公用事业（得分 6.1）等其他基建类、传统能源行业得分最低。这与公婷等（2012）基于中国 2000—2009 年腐败案例的统计结果相一致。对照中国现阶段发展情况，房地产投资长久以来作为各地方政府拉动 GDP 的主要手段，不可否认土地财政、房地产开发等基建项目为中国的经济作出了巨大贡献，中国政府采购、工程承包在当时处于腐败高发案件领域，与 2008 年公布的行贿指数相比，企业之间的行贿情况并没有改善。

综合来看，我国企业的腐败现状不容忽视，从微观层面来看，腐败关系到企业经营效率与企业社会责任；从宏观层面看，腐败关系到政府信用与经济发展等各个方面。有些研究（如 Faccio，2006；罗党论等，2009；杜兴强等，2010）认为，企业良好的政商关系可以为企业带来经济利益和政治庇护，更为重要的是，在不完全市场中政商关系能够在一定程度上弥补市场合规制度缺失所带来的损失。但是，关于企业腐败行为在不完全市场短期内是否有"润滑剂"的效用仍存在争议。而且从长期来看，腐败必然不利于企业经济发展。当前，国家政府部门也已经开始注意到当前国企存在的相关腐败问题如"35 岁现象""59 岁现象"，并已加大整治力度。国企改革的指导意见：在国有资产方面以"管资本"为主推进国有资产监管机构职能转变；人事制度方面实行管理人员公开招聘、竞争上岗等制度，对高端人才或管理人员可以通过委托"猎头"等人才服务机构推荐的方式，也可通过社交媒体拓宽选人用人视野和渠道，从而力争达到非国资背景的企业与国有企业在政商关系上的支出差异性逐渐缩小。

事实上，腐败的形成机制具有较强的综合性及复杂性，囊括了政治、文化及社会等多方面的因素，而且腐败问题关乎民生及公共资源，除学者的深入研究外也被媒体广泛关注。但是，已有文献有关宏观经济环境和政策对微观企业行为影响的相关研究并不多，仍集中于对政策不确定性影响的讨论，而针对宏观政策与企业"吃喝"腐败以及政商关系的相关实证研究文献更为缺乏，有关政策对于企业腐败行为影响的实证研究也未引起足够的关注。

在此背景下，本章研究的动机在于：首先，基于中国文化背景及经济发展阶段对企业腐败进行专题研究具有现实意义和政策指导价值；其次，我国企业腐败的相关研究大多集中在腐败行为的定性和理论方面，定量研究较少。因此，在混合所有制改革的政策背景下，对企业的腐败问题展开研究。一方面，结合委托代理理论和寻租理论，试图从两方面厘清企业的公司治理与宏观政策的关系；另一方面，通过建立实证模型，在控制其他影响因素的基础上，考察混合所有制改革的政策提出是否影响了企业吃喝费用的支出，并讨论了不同所有权性质的企业，吃喝费用的支出对于"混改"的敏感性是否不同。

本章结构安排如下：5.2 节对相关研究进行了梳理，并基于相关理论对企业腐败现象的产生机理进行了理论分析。5.3 节与 5.4 节是实证分析部分，其中，5.3 节主要针对混合所有制改革对企业公司治理的影响机制进行实证分析；5.4 节针对企业社会成本的变化对企业融资约束与投资效率的影响进行实证检验。5.5 节归纳研究结论，提出未来研究方向。

5.2 企业"吃喝"腐败的相关理论梳理

5.2.1 企业"吃喝"腐败的界定

在中国，虽然"关系"通常被认为是企业持续竞争优势的来源，但是该观点并无理论基础。"关系"的优势在于其价值的不易复制，并且"关系"带来的好处不可持续，因为人际关系会受到人员流动等常见原因的干扰，相应的政府关系顾问这一职务应运而生，而随着行业规范及法律体系的完善，现阶段绿色政府关系逐渐被各利益相关方更加重视。企业的社会关系不仅包括企业与公共部门的关系也涉及企业与员工、上下游企业等经济活动的各参与方。每当涉及商品或服务的利益分配，就有可能会滋生腐败，同时，公司治理的定义有多种维度，"裙带关系"与任人唯亲（Nepotism & Favoritism）也隶属于腐败的范畴；公共部门的工作人员为牟取私利而滥用公共权力的行为也属于腐败（Rodriguez et al.，2006）。但是不同的社会群体可能对腐败具有不同的认知，因而研究人员在"如何界定腐败"这一问题上，至今未达成共识。有学者给出了妥协的定义方式："虽然无法定义腐败，但是当腐败发生时，我能够认出它。"由于各国不同的发展阶段或者受到文化背景的影响，界定和度量腐败对于理论和实证研究的学者而言仍是不小的挑战。因此在定义腐败时，需要考虑具体的社会背景。肖汉宇（2014）、费雷拉和奥罗斯科（Ferreyra & Orozco，2010）提出应将腐败的定义置于具体环境条件下考察，因此从宏观层面分析，国家或地区在某一时期的腐败程度取决于其当时所处的经济发展阶段、政治和文化水平；从微观层面研究企业腐败问题时，需要关注企业腐败行为的异质性："润滑剂理论"及"保护费"。"润滑剂"是指腐败行为可以实现某种资源配置功能（Lien，1986），当企业腐败行为表现为"润滑剂"功能时，不仅可以缩短行政审批进程并提高服务质量，而且可以带给企业更多资源，使企业更为有效地获取经济活动中所需的资源。

企业腐败、贿赂行为被认为是在外部不利制度环境下企业的发展策略，具有资源配置功能，对企业成长有促进作用，属于企业的次优选择；"保护费"则是指企业通过腐败行为可以使得自己免受政府官员的进一步敲诈和掠夺，当企业腐败行为表现为"保护费"功能时，企业可以免遭政府官员的索贿行为。特别当法律对私有产权保护较弱时，企业在维系社会关系中花费的成本可以保护其财产免受侵犯，同时在税赋过重时可以减轻税收负担。不同历史时期和文化背景下的执政者都在反腐工作中花费大量的时间和精力，然而由于腐败行为是集体理性与个体理性冲突的社会问题，对于腐败的打击可谓事倍功半。从较宽泛意义上理解腐败可采用世界银行（1997）对腐败的定义："以公共权力牟取私人利益"。

5.2.2 企业"吃喝"腐败的度量

企业维护"关系"的形式并非仅有传统意义上的"私对公"，即企业对政府的行贿，也包括"私对私"，即企业之间的贿赂行为。由于腐败的自身性质，腐败属于违法违规行为，因此行贿受贿活动较为隐蔽，从而导致腐败相关数据的获取难度较大。这就增加了腐败统计数据获取和处理信息的难度。如果所得数据不够准确，则不能准确度量腐败，那么用所得数据验证现有理论的难度更大。现有研究一般采用直接和间接（或称为主观和客观）的腐败度量方法，国际上存在多种测算腐败的方法，譬如全球国家风险指引（International Country Risk Guide）、世界银行治理指数（World Bank Governance Indicators）等基于受访者主观印象所编制的腐败感受相关指数，但是度量结果的准确性仍有待商榷。譬如，腐败度量的主观评价方法主要用于与腐败有关的跨国回归分析，其中衡量国家腐败最常用的四个指标是：①透明国际（Transparency International）的腐败感受指数，这是目前使用最多的国别腐败指数；②国际国家风险指南（简称腐败指数）；③经济学人集团下属的国际商业指数（Business International）；④世界银行治理指数的腐败指标，每年由丹尼尔·考夫曼（Daniel Kaufmann）领衔发布。但是上述指数能否准确度量真实的腐败水平仍然受到质疑。首先，聚合指数的构成及数据来源仍然备受争议（Heywood et al.，2014）；其次，这几种主要的指数采取的度量方法差别不大，事实上它们之间的相关系数高达 80% 以上（Treisman，2000）。主观评价方法会产生一些偏差。

客观估计腐败的方法克服了问卷调查中时常出现的理解偏误。客观估计方法包括以下渠道：①官方数据；②研究者自行建立的各种案例库（包括腐败案件、腐败官员）；③个案追踪法；④项目的预算与实际发生额比较法等。使用企业调查数据的一种做法是，直接向企业询问其向海关、工商、税务、治安或者环境管制部门支付的额外的或不合理的费用。

现有研究和媒体报道多次提及，国企高管可以通过奢靡的在职消费获取超额薪酬，以及在衣食住行玩等方面享受特权。对于国有企业，如果经理人的在职费用不高，则有可能从企业吃喝的招待费用中挪用，造成巨大浪费。本书参考蔡洪滨等（2011）的研究，将业务招待费、差旅费和会议费支出作为衡量企业腐败水平的指标。业务招待费是指企业为经营业务而支付的应酬费用，在税务执法实践中，通常将业务招待费支付的具体范围界定为因生产经营需要而发生的宴请或工作餐支出、赠送纪念品、景点参观费、业务关系人员的差旅费等费用。中国政府控制着信贷、财政补贴和各种商业活动的行政审批和企业经营范围的规制权（Fan et al.，2008）。基于反腐败理论的创新，从不同研究视角细化中国的腐败问题更是具有重大的理论与现实意义。

5.2.3 企业"吃喝"腐败问题的产生及原因

腐败长期存在于人类社会活动中，随着全球化的发展，腐败形式多变，逐渐由特征各异的区域性问题演变为国际性问题。因而社会科学的很多分支学科都广泛探讨了有关腐败的理论和实证问题，如政治学、公共行政学和经济学、社会学、法学等。认识腐败问题的本质是有效治理腐败的重要前提。针对腐败的实证研究自 20 世纪 80 年代开始。公婷等（2016）基于关键词"corrupt"和"bribe"整理了 2009—2013 年与腐败相关的、覆盖八个领域的国际权威性较强的 SSCI 国际学术论文，并总结归纳了腐败研究的五个理论问题，包括腐败的定义和测量、腐败与经济发展、腐败与社会公平、腐败与政治制度，以及评估腐败问题的现状与反腐败的成效。

除实证分析和描述性统计外，近年来中国学者也逐渐重视腐败问题的形成机制及其影响。倪星等（2011）梳理了我国 1990—2009 年由中国学者发表于国内期刊的研究，基于他们选取的研究样本（核心期刊和人大复印资料）发现，国内学者对于腐败与反腐败的研究有 96.7% 集中于腐败问题的描述，这与公婷等（2016）基于英文期刊的文献综述结果相差甚远，他们发现采用检验变量之间因果关系的研究文献占样本的比例达到 67%，相关性研究也达到了 13%，也就是说国际上对于腐败问题研究的方法主要为经验分析。但是关于腐败对于公司绩效影响的研究结论存在较大差异，一种观点是将腐败视为企业的经营成本，类似于企业向市场或公共部门所缴纳的税，如菲斯曼等（Fisman et al.，2007）发现腐败在一定程度上会成为企业成长的阻碍，得出类似结论的还有莫罗（Mauro，1995）、魏（Wei，1999）、德罗莎等（De Rosa et al.，2015）、塞克等（Seker et al.，2014）；另一种观点则是相反的，如实证结论显示企业的发展与其腐败行为成正相关（Wang et al.，2012）；基于发展中国家或地区数据的经验研究（李捷瑜等，2010），发现腐败有助于企业获得更多的政府订单、缓解融资约束及相比竞争对手拥有更低的市场准入门票等。此外，第三种观点对上述两种观点的显著性提出质疑（刘勇政等，2011）：由于腐败度量指标存在差异、选择的样本不具备共同特征，如不同国家或地区制度等外部环境的差异也会导致实证结果相差较大（万广华，2012）。赵颖（2015）的研究结果发现，腐败对企业的利润和销售额有正面影响，同时，随着贿赂规模的上升，企业收益呈现倒 U 型。这就意味着政治关系并不能确保公司绩效或公司价值的提升，政治关联的影响存在差异可能归因于：降低公司投资效率、增加公司治理成本等。影响微观企业经营绩效的因素呈现多元化和综合性，其仅从企业的某一行为分析，如"吃喝"可以使企业得到更多的保护，降低企业的经营风险（潘红波、余明桂，2014）；最后可以帮助企业获得政府的经济资源，如政府补贴（余明桂等，2010）、税收优惠（Wu et al.，2012）和金融援助（Faccio，2007）。因此，"吃喝"这一非正式渠道为中国企业获得了外部融资，减少了企业的融资约束（申宇和赵静梅，2016）。

5.2.4　腐败对经济效率的影响

"关系"某种程度上会发展成为腐败。研究发现，由于中间产品结构越复杂，涉及的契约越多，交易费用越高，腐败对那些中间产品环节越多、越复杂的行业具有越显著的负效应，即越容易滋生腐败（Cowan & Neut，2007）。聂辉华等（2012）使用中国的数据也证实了这点。此外，固定资产投资比例较高的企业对于腐败的负效应更敏感，这与克莱森斯和莱文（Claessens & Laeven，2003）的发现恰恰相反。从现有文献来看，主要是代理理论和寻租理论可以解释腐败的成因。测度腐败的方法一般可以分为三类：第一是直接观察法，即借助对贿赂行为的记录直接度量腐败。第二是"减法"或是交叉检验，通过检验存在腐败与不存在腐败两种环境下经济变量的差额来度量腐败；应用这一方法的关键就是证明观察到的差额确实是由腐败带来的。第三是市场介入法，通过检验政府力量在某一个市场中的价值实现来为腐败提供证据和度量。

5.2.5　不同的声音

腐败是否只会损害市场参与主体的效率，具有严重的负面效应？大多数的研究都在试图证明：腐败会导致资源使用效率低，且贪腐严重的地区经济发展滞后，但是有些学者却指出制度的不足才是低效率及经济发展滞后的主要原因，并非杜绝腐败就能改善经济问题。有学者认为适度腐败能够改善效率，张维迎就曾指出，"腐败是一个次优选择"，被媒体大量使用而广为人知的一个观点是"腐败是市场经济发展的润滑剂",即贿赂通常能够对制度的缺失起到某种程度的弥补作用,也就是说在市场信息不对称较为严重的情况下,通过贿赂的方式,企业可以适当提高运行效率与当地官员建立起政治、金融关联等,从而提高运营效率。"亚洲悖论"[①] 是学者关注的重点,基于中国市场的实证数据表明,经济发展与腐败程度正向相关(Dong & Torgler,2013),研究指出现阶段的中国腐败与金融业的发展程度存在替代关系:当金融业发达时,腐败会阻碍经济的发展,反之亦然(Wang & You,2012)。这种纽带关系不仅是企业创新和获取各种资源的重要渠道(潘红波和余明桂,2014;Adhikari et al.,2006;Yeh et al.,2013),还是一种重要的声誉机制和企业担保贷款的重要资源。腐败在一定程度上对经济发展具有积极作用(Leff,1964;Lui,1985),但是更多的研究表明,腐败会抑制经济增长(Mauro,1995;Mo,2001;Méon & Sekkat,2005;Fisman & Svensson,2007),造成收入不平等和贫困问题(Gupta et al.,2002;Olken,2006;Blackburn,2012),导致资源的无效率配置(Bertrand et al.,2007),以及扭曲在教育、卫生、基础设施等方面的公共支出(Tanzi & Davoodi,1998;Reinnika & Svensson,2004)。

之前文献在研究腐败问题时,得出了大量的理论与经验证据,为认识企业腐败行为的本质与内在动机奠定了良好的基础。通过对现有文献的总结,发现关于腐败定义及成因的研究较为丰富,一般从经济学和社会学两个角度定义和探索成因,但是学者们经常面临的问题是许多因素之间相互作用导致腐败风险的提高或降低。正如聂辉华(2014)指出,由于导致腐败原因的多元化,研究腐败原因的文献明显多于研究腐败后果的文献。此外,讨论腐败原因可以推出直接的反腐败政策的预期影响。

---

① 亚洲悖论:亚洲的高速经济增长与腐败水平正相关,譬如印度尼西亚的腐败与工业生产率存在着正相关的关系(Vial & Hanoteau,2010)。

5.3 "混改"与企业内部公司治理的实证研究

5.3.1 模型建立

混合所有制改革是否能够在一定程度上抑制企业的腐败现象,从而降低企业的公司治理成本呢?这是本章试图回答的第一个问题。本节将建立实证模型考察混合所有制改革对企业内部治理(从"吃喝"腐败的视角)的影响。建立实证模型为

$$ETC_{i,t} = \alpha_0 + \beta_1 policy + \beta_2 SOE * policy + \sum \gamma_i Control_{i,t}$$

$$+ \sum YearDummy + \sum IndustryDummy + \mu_{i,t} \qquad (5.1)$$

式中,关于变量的选取与说明见表5.1和表5.2。本书采用管理费用明细中的业务招待费来衡量企业的社会资本投资。这是因为企业日常活动中用于维系政企关系的花费往往反映在业务招待费科目中。需要指出的是,企业的业务招待费支出是一个混合体,除维系政企关系的支出外,还包括维护客户关系的正常应酬支出(蔡洪滨等,2011)。业务招待费作为反映政企关系的指标,在中国的传统文化中被进一步加强和显性化,企业要想"做生意",首先要"交朋友",同时,你来我往的请客吃饭和馈赠礼物则是中国人"交朋友"的习惯做法。本书用当期业务招待费除以当期销售额度公司内部治理的"腐败"程度,这在一定程度上可以平滑业务招待费中用于维系客户关系的花费。

表 5.1 变量定义

控制变量	变量名称	定义及计算方法
被解释变量	$ETC_{i,t}$ （Business entertainment）	业务招待费，用以度量企业腐败的情况
解释变量	$SOE_{i,t}$	实际控制人性质
	Policy	"混改"政策的提出，此处选取时间变量

表 5.2 其他控制变量

控制变量	变量名称	定义及计算方法
融资方式	短期债权融资变动 （Δshortdevt）	短期债务的变动值 = $\dfrac{\text{本期末短期负债} - \text{上期末短期负债}}{\text{平均总资产}}$
	长期债权融资变动 （Δlongdebt）	长期债务的变动值 = $\dfrac{\text{本期末长期负债} - \text{上期末长期负债}}{\text{平均总资产}}$
内部治理情况	$(t-1)$ 期第一大股东 持股比例 （$top1_{i,t-1}$）	大股东持股比例 = $\dfrac{\text{第一大股东的持股数量}}{\text{总股数之比}}$
	前 2～10 大股东 持股比例	赫芬达尔指数
	管理层持股比例 （Manage）	管理层持股比例 = $\dfrac{\text{高级管理人员持有公司股票}}{\text{公司股票总数}}$
	董事长与总经理 兼任情况 （DUAL）	1 = 同一人；2 = 非同一人
	$EC_{i,t}$ （Executive Compensation）	高管前三名薪酬总额 - 不含高管领取的津贴
	独立董事人数比例	独立董事人数比例 = $\dfrac{\text{独立董事人数}}{\text{董事总人数（含董事长）}}$
企业基本特征	持有现金水平 （$Cash_{i,t-1}$）	持有现金水平 = $\dfrac{(t-1) \text{ 期经营活动现金流量净额}}{\text{期初总资产}}$

控制变量	变量名称	定义及计算方法
企业基本特征	成长能力 （Growth）	$(t-1)$ 期的资产增长率 $= \dfrac{t\text{ 期营业收入} - (t-1)\text{ 期营业收入}}{(t-1)\text{ 期营业收入}}$
	公司规模 （Size）	$\ln(t-1)$ 期总资产
	公司上市时间 （$Age_{i,t}$）	公司上市年数
	$ROA_{i,t}$ （Return on Asset）	总资产收益率
其他控制变量	企业所处行业 （IndustryDummy）	按证监会的分类标准（剔除金融业及 ST 上市公司），共设 16 个行业虚拟变量

注：①为了抵消规模效应，此处的 ETC 是当期业务招待费支出销售额的比值。

②《关于在上市公司建立独立董事制度的指导意见》规定，2002 年 6 月 30 日前，董事会成员中应当至少包括两名独立董事；2003 年 6 月 30 日前，上市公司董事会成员中应当至少包括 1/3 独立董事。

5.3.2　数据来源

本节将选自沪深两市 A 股上市公司 2009—2016 年的数据作为研究样本开展研究，按所有权性质的不同，将样本企业划分为国资背景企业组与非国资背景企业组，其中具备国资背景的企业组包括中央国有企业组（央企组）和地方国有企业组（地方国企组），其他归为非国资背景企业组。采用的数据来自深圳国泰安信息技术有限公司联合开发的 CSMAR 数据库，财务数据来源于万得（Wind）数据库。

另外，本节选取业务招待费作为度量"吃喝"腐败的手段，数据来源于上市公司报表附注中的"管理费用明细"（数据来源为 Choice 东方财富数据库），其中，与"吃喝"腐败相关的科目明细为业务招待费。业务招待费指企业在生产经营管理过程中用于接待应酬而支付的各项费用，主要包括企业招待客户的餐饮费、住宿费及香烟、礼品、正常的娱乐活动、客户旅游等发生的费用支出。近年来，全球范围内频发公司高管及财务一线工作人员等财务舞弊事件，逐渐将公司治理监管推向了风口浪尖。不管是企业、学者还是监管部门都将公司治理视为企业经营管理的一项至关重要的工作，而为了能够保证这项工作的顺利开展，公司治理评价开始显示出其不可替代的作用。在此背景下，《企业内部控制基本规范》《企业内部控制配套指引》等一系列内部控制政策也相继出台，并且随着上市公司内控制度和相关政策的完善，内控评价报告和审计报告将和年报一起成为上市公司必须披露的报告之一。

1. 上市公司业务招待费披露情况

对国有企业业务招待费的披露，早在 1995 年监察部、国家经贸委和全国总工会联合发布的《关于国有企业实行业务招待费使用情况等重要事项向职代会报告制度的规定》中就对其作出明确规定，要求报告的内容包括业务招待费支出项目、金额、开支是否符合制度、使用是否合理、手续是否完备及其他需要说明的情况。截至目前，从直观上观测所得，业务招待费的披露仍然不够，从东方财富数据库获取的 2010—2015 年的 8097 个样本中，有 3430 个样本的业务招待费项为 0，即公司并未披露业务招待费，其中，2043 个样本的实际控制人性质为国资背景。从时间维度上来看，2010—2015 年上市公司数量增加的同时，未披露业务招待费的公司数量逐年减少，自《企业所得税税前扣除办法》首次明确赋予纳税人对所申报扣除费用的真实性有自我举证的责任以来，可以粗略看出我国金融市场的逐步规范化。但是不能排除有些上市公司把应归为业务招待费的额度分摊到其他管理费中，这样财报附注中就不会显示业务招待费这一项。受到 2015 年央企"天价"业务招待费事件被媒体大肆报道的影响，2016 年很多企业选择不在财务报表附注中披露该项支出，见表 5.3。

表5.3 2010—2016年业务招待费的披露情况

年份	未披露	披露	合计	披露占比/（%）
2010	1226	118	1344	8.78
2011	568	1129	1697	66.53
2012	643	1365	2008	67.98
2013	727	1412	2139	66.01
2014	700	1452	2152	67.47
2015	727	1518	2245	67.62
2016	1190	1268	2458	51.59

2. 模型估计与结果分析

（1）线性面板数据模型估计。基于所建立的模型，首先采用线性面板数据回归方法对其进行估计，估计结果见表5.4。

$$ETC_{i,t} = \alpha_0 + \beta_1 policy + \beta_2 SOE * policy + \sum \gamma_i Control_{i,t}$$

$$+ \sum YearDummy + \sum IndustryDummy + \mu_{i,t} \qquad (5.2)$$

按照上述模型估计"混改"政策与企业内部治理的关系。

表5.4 "混改"政策与企业内部治理——线性模型估计结果

变量	（1）ETC	（2）lnETC
"混改"政策 （policy）	−0.00943 （0.0270）	−0.00104 （0.00122）
"混改"与实际控制人性质交互项 （policy * SOE）	−0.0381 （0.130）	0.0107 * （0.00588）
上市年限 （lnAge）	0.0303 ** （0.0133）	0.00191 *** （0.000600）
自由现金流持有比例 （CASH）	0.132 ** （0.0523）	0.00599 ** （0.00236）

续表

变量	（1）ETC	（2）lnETC
资产负债比例 （LEV）	0.0464 *** （0.0104）	0.00213 *** （0.000468）
公司成长性 （GROW）	− 0.00000461 （0.00000669）	− 0.000000210 （0.000000302）
短期融资（融资方式） （Shortdebt）	− 0.262 *** （0.0358）	− 0.0130 *** （0.00162）
前十大股东持股比例 （top10）	0.00194 * （0.00117）	0.0000612 （0.0000526）
管理层持股 （Manage）	− 0.556 （0.540）	− 0.0137 （0.0244）
ROA	− 0.533 *** （0.0592）	− 0.0259 *** （0.00267）
董事长与总经理是否为同一人 （DUAL）	− 0.0238 （0.0163）	− 0.000457 （0.000736）
公司规模 （size）	− 0.0220 *** （0.00743）	− 0.00175 *** （0.000335）
独立股东人数 （Indep）	0.163 （0.134）	0.00483 （0.00604）
高管薪酬 （EC）	0.0258 ** （0.0121）	0.00118 ** （0.000547）

注：N 为 15357。* 表示 $p < 0.1$，** 表示 $p < 0.5$，*** 表示 $p < 0.01$。

国有企业在公司治理方面通常存在的问题通常可以归纳为：内部控制和融资约束问题、外部性问题以及国企高管的政治身份问题。上述回归结果显示，2013 年"混改"政策出台之后，国企在维系社会关系时的花费降低，公司内部治理有所改善，有助于公平有序地推进混改（杨瑞龙，2013）。

（2）样本选择模型估计——Heckman 两阶段法。在对模型进行估计之前，考虑到披露管理费用是上市公司的自主选择行为，因此业务招待费有可能存在选择性披露现象，从而导致数据缺失，这将造成在使用普通线性模型估计方法时会存在样本选择偏差。为了更准确地对模型进行估计，本章还将采用 Heckman 两阶段法对该样本选择模型进行估计。根据 Heckman 模型的基本思路，被解释变量会出现"偶然截断"（Incidental Truncation）或者"样本选择"（Sample Selection）现象，是由于样本条件的限制，不能随机抽取选择方程、结果方程。赫克曼（Heckman，1979）认为选择性偏差可以被看作遗漏变量的一种。将是否披露业务招待费 Entertainment 设置为 0/1 型变量，1 表示企业选择披露了业务招待费，0 表示未披露业务招待费。是否披露业务招待费是企业的自我选择过程，可以写成标准的 Probit 估计式。在对该选择方程进行估计之后，再将选择偏差加到结果方程中进行回归，便可得到修正后的估计结果。表 5.5 汇总了基于 Heckman 两阶段法所得的模型估计结果。

表 5.5　　"混改"政策与企业内部治理成本——Heckman 两阶段法估计结果

解释变量（ETC）	选择方程	结果方程
"混改"政策 （policy）	0.145 ** （0.0648）	− 0.264 *** （0.0297）
"混改"与实际控制人性质交互项 （policy * SOE）	0.317 *** （0.0326）	− 0.211 *** （0.0719）
上市年限 （lnAge）	− 0.104 *** （0.0175）	0.0632 *** （0.0243）
自由现金流持有比例 （CASH）	− 0.244 *** （0.0692）	0.482 *** （0.109）
资产负债比例 （LEV）	− 0.0312 （0.0197）	0.189 *** （0.0352）

续表

解释变量（ETC）	选择方程	结果方程
公司成长性	− 0. 00169	0. 826 ***
（GROW）	（0. 00113）	（0. 0690）
短期融资（融资方式）	0. 108	− 0. 158 ***
（Shortdebt）	（0. 0736）	（0. 0562）
λ	—	− 1. 180 ***
		（0. 297）

注：N 为 15427。* 表示 p < 0.1，** 表示 p < 0.5，*** 表示 p < 0.01。

  根据表 5.5 所示，Heckman 两阶段法的回归结果显示：国企在"混改"之后更加倾向于降低内部治理的支出。从回归结果中可以看出，"混改"政策对国有企业的业务招待费所施加的影响并不尽如人意，甚至从业务招待费的对数（lnETC）角度来看，更是与政府出台"混改"政策的初衷与目的相背而驰。然而，从样本选择的角度来看，"混改"政策对国有企业业务招待费的影响可能并非如以上回归结果中所揭露的这般。事实上，国有企业是否对其业务招待费进行披露往往依赖于其实际发生的业务招待费用的多少。在数据处理过程中，笔者发现，对于某些国有企业在某些年份里并未直接披露其业务招待费的情况，究其原因有可能正如上述：该国有企业于该年份中所发生的业务招待费用过高，因而选择不对其进行披露。基于此，回归中所得到的悖于直觉的结果便得到了较为合理的解释。针对样本的选择性偏误问题，运用 Heckman 两阶段模型进行进一步分析以揭示"混改"政策对于国有企业业务招待费的实际影响。正如在前面分析的那般，基于 Heckman 两阶段模型，我们所关注的 policy * SOE 回归系数为 − 0. 211 且结果十分显著。有理由相信，相较于表 5.4 的回归结果，Heckman 两阶段法回归结果（表 5.5）更为真实、可靠。其结果也正如之前理论分析中所阐述的，现实中，业务招待费作为国有企业管理费用的主体，其大小会显著影响国有企业的管理成本，进而影响国有企业的经营效率。本轮混合所有制改革意在切实提高国有企业经营效率，而业务招待费的减少从根本上解决了国有企业管理费用巨大的问题，在控制成本的基础上提高了国有企业的经营效率。

5.4　公司治理与其投资效率及其面临的融资约束

基于上述分析，研究发现混合所有制改革在一定程度上改善了企业的内部治理，这在一定程度上反映了"混改"可以有效遏制企业的腐败行为，通常认为代理环节越少，公司治理问题越容易解决。根据已有理论，腐败现象的改善对于企业的融资约束、投资效率都具有重要影响。本节针对此议题展开进一步的实证分析，政府"一边做裁判一边做运动员"，其结果必然是资金使用效率和企业的运营效率低下。具体包括以下两个问题。

（1）企业"吃喝"腐败的变化是否会影响企业的投资效率？

业务招待费支出过度则会占用企业本应用于日常经营的自由现金流，因而会导致企业的投资不足（吴超鹏等，2012），同时，由于公司金融领域传统代理问题的存在，公司管理者往往采取激进的投资策略，滥用自由现金流。

（2）企业"吃喝"腐败的变化与企业融资约束之间是否存在联动关系？

企业在业务招待费方面的投入，常常用于日常的商业往来、商业关系的维护，同时，因为上市公司需要向公众披露财报，理应将此类费用控制在公众可接受的范围内。此外，国企承担了特殊的社会责任，理应杜绝"天价业务招待费"的丑闻。但是继续经营需要资金支持，资金的获取需要政企关系与银企关系的维护，很多学者研究此问题时，非常喜欢强调中国的"酒文化"，但是此类商业关系维护的手段并非中国独有，而是金融行业的惯例。因为资金供给端和需求端的信息不对称，资金提供方需要预判资金的回报率及未来的归还情况，而与项目负责人"把酒言欢"，更容易在轻松的氛围下进行观察，这种情况在私募股权基金的投资时更为普遍。因而，在实证检验之前，可以预判企业的业务招待费与企业融资约束存在相关关系。

本节作为以上研究的补充，研究框架与实证模型的建立与第 3 章和第 4 章类似，重要的区别在于本节将在第 3 章与第 4 章建立的实证模型中重新考虑反映企业内部治理水平（"吃喝"腐败）的变量（ETC）。关于模型的建立与变量的说明不再赘述。

5.4.1 企业"吃喝"腐败与投资效率

投资者对良好的公司治理制度的建立起到关键作用，若投资者不清楚公司资本配置情况，则不会冒险投入资金，由此体现了商业活动中信息透明的重要性及现代公司治理制度的不可或缺。针对本节提出的第一个问题，此处将在第 4 章所建立的投资效率模型的基础上，通过在模型中加入反映企业内部治理（腐败）的变量（ETC）来考察"混改"政策背景下企业内部治理的变化如何影响企业的投资效率。选取的主要解释变量见表 5.6。被解释变量选择在第 4 章改进的（理查德森，2006）算得的 $\text{Overinst}_{i,t}$，具体模型估计结果见表 5.7。

$$\text{Overinst}_{i,t} = \alpha_0 + \beta_1 \text{policy} + \beta_2 \ln(\text{ETC}_{i,t}) + \beta_3 \text{policy} * \text{SOE}$$
$$+ \sum \gamma_i \text{Control}_{i,t} + \sum \text{YearDummy} + \sum \text{IndustryDummy} + \mu_{i,t}$$
$$(5.2)$$

表 5.6 主要解释变量的选取

变量代码	变量含义	变量定义及计算方法
policy	政策虚拟变量	"混改"政策虚拟变量：自 2013 年出台"混改"正式意见书后，则为 1；否则为 0

变量代码	变量含义	变量定义及计算方法
ETC	"吃喝"腐败——企业内部治理成本代理变量	业务招待费，用以度量企业腐败的情况
policy * SOE	政策与实际控制人性质交互项	"混改"政策虚拟变量与实际控制人性质交互项

表5.7　　　　　企业内部公司治理与投资效率模型估计结果

变量	代码	（1）面板回归 overinvest	（2）probit overinvest
"吃喝"腐败/公司治理水平	ETC	− 0.0819 (0.0876)	− 6.484 * (3.527)
"混改"	policy	− 0.0151 (0.00945)	− 0.182 *** (0.0591)
政策与实际控制人性质交互项	policy * SOE	0.928 (1.801)	24.80 *** (8.059)
短期融资	shortdebt	0.331 *** (0.0167)	2.695 *** (0.142)
前十大股东持股	top10	0.00168 (0.00673)	0.0346 (0.00357)
ROA	ROA	0.338 *** (0.0264)	3.284 *** (0.180)
资产负债率	LEV	− 0.0190 *** (0.00477)	− 0.517 *** (0.0814)
董事长与总经理是否为同一人	DUAL	− 0.00108 (0.00875)	0.0470 (0.0459)
公司持有现金比例	CASH	− 0.0406 *** (0.00842)	− 0.299 *** (0.0689)

续表

变量	代码	（1）面板回归 overinvest	（2）probit overinvest
公司规模	size	0.0452 *** (0.00771)	0.394 *** (0.0231)
独立董事人数	indep	− 0.436 *** (0.0827)	− 1.586 *** (0.372)
高管薪酬	EC	0.00210 (0.00918)	− 0.0736 ** (0.0348)
上市年限	lnAge	− 0.0852 *** (0.0213)	− 0.701 *** (0.0567)
企业成长性	GROW	0.0148 * (0.00835)	0.136 ** (0.0662)
行业	—	控制	控制
年份	—	控制	控制

注：N 为 9211。* 表示 $p < 0.1$，** 表示 $p < 0.5$，*** 表示 $p < 0.01$。

如表 5.7 所示，业务招待费的花费与过度投资显著负相关，即过度依赖"吃喝"维系关系，会导致维持企业日常经营的自由现金流不足，造成投资不足。通过"混改"政策与实际控制人性质的交互项可知，减少某一类企业的腐败问题，全社会整体的投资效率并不会提高，与次优理论[1]一致。因而在制度并未同步完善时，若"混改"推进过快，可能导致市场参与者面临更大的风险。之后，本章讨论了"混改"政策出台后，国资背景的企业在"吃喝"腐败与投资效率之间的关系发生了显著的变化，此处控制了样本选取期间存在的其他政策影响。"混改"政策出台之后，总体来看，国企的"吃喝"腐败现象得到有效控制，充裕的自由现

---

[1] 次优理论（Lipsey & Lancaster，1956）：在一般均衡的情况下，若达到帕累托最优的某个条件并未达到或被破坏，满足更多条件的帕累托最优未必优于满足较少条件的帕累托最优。

金流直接导致过度投资现象。国企的资金使用效率较低的现象一直为社会各界所关注，但是很少文献将国企承担的社会责任与其经济效益共同研究。此次"混改"政策的后续文件中提出了"商业类"国企与"公益类"国企的概念，让社会各界可以更加客观公正地评价国企资金使用效率的问题。

5.4.2　企业"吃喝"腐败与融资约束

针对第二个问题，此处在第 4 章所建立的融资约束模型的基础上，通过在模型中加入反映公司治理（"吃喝"腐败）的变量（ETC）来考察"混改"背景下企业内部治理的变化将如何影响企业的融资约束。选取的主要解释变量见表 5.8。在探讨融资约束时，选择第 3 章详细给出的融资综合指标（SA）、债务期限结构（FC3）和外部现金流依赖程度（HFC1）作为被解释变量。模型估计结果见表 5.9。

$$SA_{i,t} = \alpha_0 + \beta_1 \text{policy} + \beta_2 \ln(ETC_{i,t}) + \beta_3 SOE * \text{policy} + \sum \gamma_i \text{Control}_{i,t}$$

$$+ \sum \text{YearDummy} + \sum \text{IndustryDummy} + \mu_{i,t} \qquad (5.3)$$

表 5.8　　　　　　　　　　　主要解释变量的选取

变量代码	变量含义	变量定义及计算方法
policy	政策虚拟变量	"混改"政策虚拟变量：当 2013 年出台"混改"正式意见书，则为 1；否则为 0
ETC	"吃喝"腐败——企业内部治理成本代理变量	业务招待费，用以度量企业腐败的情况
policy * SOE	政策与实际控制人性质交互项	"混改"政策虚拟变量与实际控制人性质交互项

表 5.9　　　　　　公司治理与融资约束模型估计结果

变量及代码	（1）SA	（2）FC3	（3）HFC1（fe）	（4）HFC1（re）
"混改"政策 （policy）	− 0.0701 *** （0.00114）	− 0.0155 *** （0.00288）	0.0403 （0.0370）	0.0404 （0.0370）
"吃喝"腐败 （lnETC）	− 0.0218 （0.0207）	− 0.292 *** （0.0523）	0.0870 （0.782）	− 0.197 （0.440）
政策与"吃喝"腐败交互项 （policy * lnETC）	0.102 （0.223）	0.219 （0.562）	19.12 *** （6.602）	18.64 *** （6.472）
融资方式 （shortdebt）	0.0106 *** （0.00202）	− 0.0392 *** （0.00509）	0.404 *** （0.0796）	0.404 *** （0.0795）
前十大股东持股情况 （top10）	− 0.000780 *** （0.0000814）	0.000475 ** （0.000205）	0.00455 ** （0.00216）	0.00455 ** （0.00216）
ROA	0.0190 *** （0.00319）	− 0.0460 *** （0.00804）	− 1.181 *** （0.183）	− 1.182 *** （0.183）
资产负债率 （LEV）	0.00348 *** （0.000576）	0.00236 （0.00145）	0.0160 （0.0174）	0.0160 （0.0174）
董事长与总经理是否 为同一人 （DUAL）	0.00306 *** （0.00106）	0.00658 ** （0.00267）	− 0.0252 （0.0303）	− 0.0250 （0.0303）
公司持有现金水平 （CASH）	− 0.0650 *** （0.00412）	− 0.0757 *** （0.0104）	− 0.0431 （0.108）	− 0.0430 （0.108）
公司规模 （size）	− 0.0576 *** （0.000931）	0.0247 *** （0.00235）	− 0.0265 ** （0.0127）	− 0.0268 ** （0.0127）
独立董事人数 （Indep）	− 0.00672 （0.00999）	0.0170 （0.0252）	− 0.305 （0.243）	− 0.305 （0.243）
高管薪酬 （EC）	− 0.0156 *** （0.00111）	− 0.00276 （0.00280）	− 0.0436 ** （0.0215）	− 0.0434 ** （0.0215）
公司上市年限 （lnAge）	− 0.165 *** （0.00257）	− 0.0204 *** （0.00648）	− 0.0844 *** （0.0306）	− 0.0840 *** （0.0306）

变量及代码	（1）SA	（2）FC3	（3）HFC1（fe）	（4）HFC1（re）
公司成长性 （GROW）	0.00245* （0.00101）	− 0.00453* （0.00254）	0.000106 （0.0427）	0.000105 （0.0427）
年份	控制	控制	控制	控制
行业	控制	控制	控制	控制

注：N 为 9211。* 表示 $p < 0.1$，** 表示 $p < 0.5$，*** 表示 $p < 0.01$。

从表 5.9 的回归结果可知：上市公司在"吃喝"上的花费越少，则其相应的内外部融资约束越高，显示出中国当前比较严重的外部融资（或社会融资）获取成本，即资金的取得主要依赖于所谓的"关系"。但是此类现象并非中国独有，金融行业的建立就是依托于信任的。由此可见，改革政策的实施，不能毕其功于一役，需要循序渐进，随着"1 + N"系列文件的逐步细化出台，"混改"进入攻坚阶段，交互项进一步暗示了国有企业政府软约束问题，但是从企业内部治理与融资约束的综合指标（SA）可以看出，虽然也与二者负相关，但是结果并不显著。从"混改"政策与"吃喝"腐败交互项来看，通过"吃喝"维系关系，以此来获取外部现金流（表 5.9 中固定效应和随机效应估计的 HFC1）的难度上升。

5.4.3　已有"混改"公司治理情况

现阶段，国企参与"混改"秉持"一企一策"精神，国企多集中于资源禀赋密集型行业，各地区引入非公资本的条件放宽，按照地区特色经济，有针对性地推出系列政策，如北京、上海（做强、做优、做大、做实国资国企，把突破点放在党建、改革、发展、监管等方面）及深圳主导的股权多元化和资产重组等。广东省国资委主任、党委书记李成指出：截至2020 年年底，广东省降低国有企业负债率，出清重组国有"僵尸企业"，竞争性企业平均资产负债率要下降 2% 以上，带息负债占负债总额比率控制在合理水平。[①] 中国广核集团有限公司于 2017 年以打造国有资本投资公司为目标，完善法人治理结构、引进职业经理人。截至目前，通过描述性统计，笼统地归纳"混改"效果，实施混合所有制改革之后的企业其经营状况持续改善，突出体现在：公司的治理能力和收入提升，亏损总额下降；国有资本权益和功能提升，国企杠杆率下降；企业劳动生产率提升，核心员工流失率下降（如航天某所的高科技研发人员倾向于向商业航天领域流动）；企业核心竞争力提升，与行业内领军企业的差距下降。

公司治理取得成效的具体案例：在实施"混改"之后，中国联通集团的持股比例从 62.7% 降至 36.7%，东航集团所属东航物流的股权结构中国有股份比例从 100% 降至 45%，形式上达到了改善了股权结构、改变一股独大的现象，公司治理水平得到提高的效果。值得继续考察的是，公司治理的形式也是以公司整体效率的提升，盈利能力有所提升，最终以保障股东权益为目的，因而还需要进一步跟踪考察"混改"方案实施之后的两家企业，是否经营能力也有所提高。在"混资本"进行过程中，面对国企负责人因担心国有资产流失而存在的"不敢混、不愿混"问题，以及"混改"过程中，存在的"为混而混"的问题，随着市场准入限制的放宽，"混改"对于非公有制经济发展起到间接刺激作用。与国企略有区别，央企的政治色彩更浓，在中国公有制经济为主体的经济制度下，某些敏感性行业仍处于非完全竞争状态，央企仍需作为市场的主要参与者，以高度的政治责任感推动国企改革纵深发展，从而实现宏观调节市场的作用。因此，央企在较高的政策便利性和良好的政企关系背景下，应优化产业布局，提高涉及国家安全、国计民生以及前瞻性、战略性新兴产业等领域的产业集中度，如中国共产党第十八届中央委员会第三次全体会议提出的"划转部分国有资本充实社会保障基金"；拓展以环保产业为代表的、

---

① 资料来源：国资数据中心（http：//www. guoqi. org）。

较敏感性的产业布局。2019 年 11 月，国务院国资委印发《关于加强中央企业内部控制体系建设与监督工作的实施意见》，强调要建立健全内控体系，加强内控体系有效执行及内控信息化刚性约束，同时提出，进一步加强出资人和企业监督评价力度、强化整改落实和责任追究工作。从国务院国有资产监督管理委员会的官网数据可以看出：2017 年至今，政策的发布与解读的频率大幅提升，同时，政策的细化程度在最近三年逐渐加深。

5.5　本　章　小　结

本章梳理了有关企业公司治理低效率，以及企业内部治理过程中存在的"吃喝"腐败现象的内涵与成因，并且在已有理论与相关研究的基础上，针对混合所有制改革背景下的企业"吃喝"腐败问题进行了深入讨论。主要讨论的问题包括两个方面：①混合所有制改革是否能够有效改善企业的"吃喝"腐败问题，降低企业的内部治理成本。②混合所有制改革背景下企业"吃喝"腐败程度的变化、公司治理水平的改变对于改善企业融资约束，提高企业投资效率是否有明显的正面作用。"混改"需要激励与约束并重，本章在参考已有文献的基础上，使用业务招待费作为度量腐败的指标，针对以上两个方面的问题进行了实证研究。实证结果显示：混合所有制改革政策的提出显著改善了国有企业"吃喝"腐败问题。事实证明：引入非国有资本监管机制从某种程度上可以解决国有企业严峻的代理问题，抑制管理者的在职消费。另外，国有企业内部治理成本的降低进一步影响了其政企关系，国企公司治理是多方博弈与合作的结果，不能脱离国情和经济发展阶段单独讨论。本书的实证结果中，在"混改"政策出台之后，相比非国资企业，国有企业的融资约束程度加剧，在此基础上，在政策层面上对公司治理与过度投资的关系作了阐述和分析。同时，融资约束程度加剧使得国有企业管理者对待投资决策更加审慎，因而显著地抑制了其作出过度投资行为的动机，进而在研究结果中体现出国有企业投资效率的提升。基于此，政府在制定宏观策略时，应考虑在完善相关法律法规的基础上，鼓励非国有资本参股国有企业，充分利用非国有资本在企业管理者行为监管上的有效性。同时，应与相关政府职能部门监管相结合，双管齐下，从根本上改善现阶段国有企业突出的代理问题。进而使得国有资产在完善的市场竞争机制下良性发展，使得国有企业投资、经营效率提高，本质上可归根于其代理问题缓解所导致的竞争力的提高，而不仅仅是简单地依赖于其融资约束程度的加剧对企业管理者过度投资行为的抑制。

第6章　结论与展望

6.1　主要研究结论

在前5章理论与实际相结合的讨论基础上，主要的研究内容与研究发现可以概括如下。

第一，融资约束问题在中国 A 股上市公司中普遍存在，而经济改革政策是在讨论企业融资约束问题时，不可忽略的重要影响因素。混合所有制改革政策出台之后，混合所有制企业的融资约束总体上有所缓解。具体而言，在对企业融资约束的定义与形成机理进行理论综述的基础上，对我国企业融资约束问题进行了定性讨论。在此基础上，考虑了混合所有制改革的背景，提出了"混改"对于不同实际控制人性质的企业融资约束影响的假设，通过建立实证模型对理论假设进行了实证检验。研究结果发现，"混改"之后，企业的融资约束在一定程度上有所降低，之前猜测国企可能会不适应公开透明的市场化环境与竞争模式，但实证结果显示投资者对于国企未来的发展十分乐观，国企的融资约束相较于"混改"之前显著降低。

第二，从企业的投资效率出发，在对企业过度投资的成因进行理论分析的基础上，同时考虑混合所有制改革政策的影响，通过构建实证模型，对混合所有制改革与企业投资行为及其投资效率的影响作用进行了深入讨论。研究结果发现，"混改"政策出台之后国有企业过度投资的情况较非国资背景的企业有更大幅度的改善。另外，考虑到国企融资约束的变动可能在某种程度上影响企业的投资效率，还进一步讨论了企业的融资约束与其投资效率的关系，并实证检验了融资约束对投资效率的影响。研究结果发现："混改"之后国企在投融资、运营等方面参与市场化的程度加深，但是没有改善国企的代理问题与投资效率。不同实际控制人背景的企业对于"混改"政策的敏感性存在异质性。研究的结果表明，国企在"混改"之后投资效率改善程度更为明显。然而，由于信息不对称带来的弊端，融资约束问题常表现为高昂的融资成本与匮乏的融资渠道，其结果无论对于国有企业还是非国有企业都是无益的。故以加剧融资约束作为提高国有企业投资效率的催化剂犹如饮鸩止渴，其过程在经济意义上并非是有效的。

第三，进一步从公司治理（"吃喝"腐败）是否得到改善的角度对混合所有制改革的政策效果进行了研究。首先对企业腐败的内涵与成因进行了理论综述，并基于理论基础提出了混合所有制改革改善企业"吃喝"腐败现象的作用机制。在此基础上，建立实证模型对此作用机制进行了检验。实证检验结果支持了理论假设：混合所有制改革确实在一定程度上改善了企业的"吃喝"腐败问题，提高了企业的公司治理水平。

企业现代的公司治理结构是影响企业经营机制与资本运行效率的关键，同时，在当前经济形势下，不可忽视国有企业对于实体经济的影响。众所周知，微观企业的行为决策在很大程度上依赖于宏观经济形势与宏观政策的实施，因此，探讨宏观形势下的微观企业行为具有重要的研究意义。已有文献虽然都已注意到宏观政策对微观企业行为影响作用的重要性，但是多数研究都是围绕宏观财政政策与货币政策等对企业行为的影响机制与作用展开讨论的。中国当前处于混合所有制改革的攻坚期，而关于"混改"等改革政策是否能够有效实现其改革初衷，即推动企业经营机制转变与提高企业运行效率，还未有过相关的讨论。另外，企业的投资效率、融资约束以及公司治理问题对于企业的经营机制及运行效率都有着重要的影响。虽然已有研究关于这些方面所存在问题的讨论并不少见，但是多数是针对企业当前在这些方面所存在问题的理论层面的讨论与定性分析，少有文献从实证角度对产生这些问题的原因与政策背景展开研究。在此背景下，研究在对已有理论与相关研究进行系统梳理的基础上，基于"反事实"处理效应研究框架对混合所有制改革政策的实施在对企业层面的投资效率、融资约束以及公司内部治理问题的影响机制与作用展开系统研究。研究不仅是对现有研究体系的进一步完善，更能够为混合所有制改革政策实施效应提供经验证据。

6.2 政策建议

国有企业的混合所有制改革在某种程度上并非改革的最终目的，而是其所有权改革的过渡阶段，进一步优化股权结构，改善公司治理水平不稳定、不成熟的现状，进一步深化改革政策的实施，在资金分配方面，从根源上消除所有制歧视等细节仍需继续落实，国企才能实现市场化经营并真正建立现代化公司治理机制；民营企业"混改"之后，其民众的接纳度提升，信贷约束降低；同时，上下游利益相关者对其信任度也有所改善。皮凯蒂（Piketty，2014）在他的新书中谈道：中国的公共资本占国民资本的比例接近50%，与同时期的意大利等发达国家国民资本几乎可以等于私人资本的情况十分不同，中国模式更有利于公共福利的发展（譬如公共医疗、教育和保险等），从而实现平衡的公司资本混合所有制经济；并就此建议实行透明的累进税制和分级遗产税。在实际执行过程中，"改革"政策不能一蹴而就，集中实现的最多只能是"一刀切"政策，往往会误伤民营企业，挫伤民营企业经营者的积极性。因此，"混改"的进一步深入应注重细则，进一步推进决策、执行、管理、服务、结果公开（"五公开"），加强政策解读、回应社会关切、公开平台建设等工作，持续推动简政放权、放管结合、优化服务改革。①

6.2.1 提升资本配置效率

基于第 3 章和第 4 章的实证研究发现：当前国有企业面临最严峻的考验是运行效率不高，投入产出不协调，以及资源利用效率低下。企业的非效率投资行为不仅造成巨额负值的经济利润，而且造成了大量社会资源浪费，同时，误导了价值投资者对于资本市场的预期，导致偏离最优资本配置，中长期来看，为系统性金融风险埋下祸根。企业投资效率除了受到政策层面因素的影响，还受到宏观环境变动与市场化进程等因素的影响，其中技术革新、所处行业、营商环境等因素都会对企业的投资行为造成重要影响。

截至目前的研究调查发现：在我国房价稳步上涨的过程中"地王"频现，其中不乏资产雄厚的国资背景企业。首先，不动产市场上国资占比过多，说明在不动产市场上大概率地可能出现挤压民资的情况；其次，在"拿地"方面过于积极的国有企业往往存在资本利用率较低或投资效率偏低的现象；最后，国资在不动产领域投资占比过多，国有企业也有可能在其他领域投资不足，如由于外生因素生成的研发支出或对于高科技领域的投资、环保方面及其他社会责任投资方面等。国企前期在房地产行业投资过多，近期"非房"国企逐渐剥离房地产资产。尽管企业适当持有不动产可以起到分散化投资组合配置的作用，但是过量持有不动产则会造成企业过于依赖房价上涨可能产生的资本利得或租金收入，而忽略了其主营业务。此外，以央企为代表的并购投资业务常伴随国有资产流失的质疑，非效率投资情况更加严峻。钱尼等（Chaney et al. , 2016）根据金融摩擦理

① 2016 年 11 月 10 日，国务院办公厅印发《关于全面推进政务公开工作的意见》实施细则的通知。

论，考虑信息成本、控制成本、监督成本与市场分割带来的资金物理转移成本，构建一般均衡模型分析了企业投融资效率受到其持有不动产价值变化的影响。随着改革政策的出台，政府角色从管制型①的、"监护人"类型的政府逐渐向服务型政府转型。需要注意的是应加强监管和制度落实，避免民营企业在"混改"过程中被当作国企的"接盘侠"。改革需要根据宏观经济动态调整，政治变革也是改革政策制定时不可忽略的因素。实践中，地方政府做到扮演好制度维护者的角色，不过分干预企业的日常运营，进一步协助建立健全非上市国有企业信息披露机制，与此同时，降低企业的预算软约束，地方政府需格外关注，隶属于新兴经济产业且业务模式有别于传统制造业企业由于缺乏传统抵押物而难以通过商业银行等传统途径获得资金的情况。总之，提高国有资本运行效率的相关政策，归根到底与提高公司治理水平息息相关。

6.2.2　混合所有制企业的公司治理

当前混合所有制企业的公司治理不够成熟，商业化程度和可持续程度有待提高，因而国企需要继续调整积极投资人的股权结构，进一步有序提高非国有股的占比，提高资金使用效率，减少政府在企业日常经营活动中的干预，最终明确政企边界。在实践中，控制权与股权结构不一致的现象在大型国企中屡见不鲜，因而造成行政命令、经理人履职以及公司运营流程等方面受到掣肘，开展工作的难度加大，据此各地应加强以资本为纽带完善混合所有制企业治理结构，通常代理环节越少，公司治理的效率问题越易解决。首先，需要注意政策的相机决策问题，从经济和政治两个角度考虑都不可忽视改革的动态进程。其次，指出员工持股计划在公司决策中的积极作用，因为内部人控制能够有效提高企业的公司治理水平。此外，

---

① 管制型政府的角色一般可分为：资源分配者、政策执行者、公共财物提供者、公共利益整顿者、社会利益协调者、社会专属激励者等。

应在章程设计时强化董事会的独立性，从而国有大股东凭借其持股比例干预董事会决策进而影响管理层行为，而非从政府层面行政施压。中国公司治理与体制改革不可分开讨论，通过分权改革可改善上市公司治理水平。尽量将商业性国企的治理结构与运行机制同一般公司制企业趋于一致。

总之，截至目前来看"混改"总体上遵循"先试点，再推进"的渐近方式推进，充分尊重市场规律，鼓励地方政府采取更加灵活、因地制宜的方式执行政策，避免"一刀切"和运动式改革。随着技术进步与宏观经济、贸易环境的变化，政府应当在经济发展的不同阶段扮演适当的角色，但是政府并不能取代市场的任何一个环节，而是应当在其具备相对优势的领域发挥作用（譬如医疗、能源及国防等公共部门），从而实现和市场有效配合。由此可见，改革的路径和次序是改革政策最终有效实施的重要准则。为实现宏伟的长期目标（国有资本保值增值，提高国有资本竞争力以及国有经济活力增强等），需要设立"混改"这一中间目标，同时加强配套设施建设——严格、强势和全面的监管措施及金融部门支持、资本市场的配合。政府和企业的声誉与公信力在改革初期尤为重要，但是需要注意的是，由于市场对于改革政策的预期，很多时候宣布改革过于高调会产生不必要的前期成本。

6.2.3 国有企业资本配置效率与公司治理

国有企业的投资效率问题一直是各方关注的焦点。由于中国属于新兴市场，在经济转型期，考虑到中国资本市场的发展，为了混合所有制的企业实现"$1+1>2$"的目标，政府适当出台指引性细则，引导中国企业向健康方向发展有其必要性。此外，关于国资在教育、医疗、健康、养老方面主导投资仍处于制定战略方向阶段和小范围的试点阶段，但是与以往政府自上而下的主导不同，政府希望吸引其他战略投资者，此时财务信息透明就变得越发重要。在借鉴现有文献的基础上，提出以下治理方案。

1. 调整经营模式，优化资源配置

当前中国处于经济发展的新阶段，人口红利逐渐消失，需要找寻新的经济增长点，"混改"有望成为拉动中国经济的有力手段。但是一个具有较强现实意义的问题是，不仅中国拥有人口红利，非洲、印度也有人口红利，但是时机合适的改革才能把人口红利转化为经济增长的动力，目前来看中国在这方面做得最好。已有企业进行改革初探，试图通过采用集团化的运营模式，打造综合性商业体（一般由实业、金融和贸易构成）。具体为母公司与子公司通过资本纽带相连，母公司进行多元化投资，子公司进行专业化经营管理，母公司在各个子公司之间调度，使得他们之间协同化。此时母公司类似于投资控股部门，主要负责资本运作，进行多元化投资并建立国资运营公司。其中，金融业包括保险、证券、银行、期货、信托，金融板块给实业板块可以提供很多支持，从贷款到质押抵押、发债。商业银行的功能，充分与企业相结合，可以发挥并购功能。第三个板块是贸易，包括出口、进口、转口，还可以产生投资功能（股权投资、私募投资），达到贸产融投一体化。采取联盟式的发展模式：上中下游，横向、纵向、斜向的联盟会成为一个很大的趋势，借助市场资源整合，依托互联网或大型组织机构进行资源整合经营，形成资源联盟优势，各部门之间执行虚拟市场化经营。

此外，政府和社会资本合作模式（Public – Private Partnership，PPP）的推广是混合所有制经营模式的新尝试，PPP模式虽然并非新鲜事物，随着我国法律体系的进一步完善，在最近几年，各界均对我国PPP模式的发展广泛关注，但是限于数据可得性，关于PPP模式的相关研究较少。现有文献关于PPP的研究大多集中在探讨微观理论中影响项目落地效率以及风险分配的机制设计，少数关于PPP项目实际运营效率的研究也多以理论分析为主，缺少实证研究的支撑。另外，关于PPP模式中政府和私营资本合作项目的运营效率也并未盖棺定论，理论分析中对于该模式是否能够提升项目的运营效率也存在较大争议。

2. 尽快实现政府职能转变，提高资本市场的监管有效性

中国的改革政策在全球经济体中改革政策占据着毋庸置疑的地位，在讨论发展中国家的改革政策时，中国常常被作为成功的范本与理论范式。在特定的环境下，改革政策对于当地市场的影响并不能简单粗暴地归为"无视市场规律"。中国现阶段改革政策的实施，不仅能够弥补市场失灵的缺陷，而且能够引导新兴产业（如高端制造业）的发展。地方政府有计划地从更适合市场经济且需充分商业竞争性行业退出，然后转向其他更适合地方政府发挥其组织能力的领域。与此同时，借助技术手段降低政企关联，政府逐步转变为国有资产的监管方，主要监管资金的去向和用途，完善明确的规则体系，提高上市国企财务信息透明度。

3. 建立健全国有企业现代公司治理结构

由于国企的特殊性，理论上其财务透明度相对于一般股份制公司应当更高，但是现实恰好相反，因而国企的公司治理工作首先应当满足现代公司制度的要求；其次，引入战略投资者激发创新活力（如中国联通于2017 年引入 14 家战略投资者），促使财务报表更加健康，进而吸引更多投资者形成良性循环。2019 年 11 月，国资委发布《中央企业混合所有制改革操作指引》，让"混改"有了操作指南。该指引的出台，尽可能消除企业"混改"实践中遭遇的很多"模糊"问题，明确了央企下辖子企业通过产权转让、增资扩股、上市（IPO）、上市公司资产重组等方式引入非公有资本、集体资本，实施混合所有制改革等。有望进一步推进"混资本"，达到中国共产党第十八次全国代表大会提出的"完善治理、强化激励、突出主业和提高效率"的总体要求，强调党组织对"混改"的指导作用。

6.3 未来研究方向

由于数据可得性的原因，并未对非上市混合所有制企业的资本配置效率与公司治理情况进行分析。本书基于沪深上市公司 2010—2016 年数据，研究发现混合所有制改革政策的出台，确实在一定程度上提高了企业的投融资效率，同时，增强了国有企业在国际上的竞争力。此外，该政策的实施也改善了企业的公司治理现状，降低了代理成本。但是实证研究结果发现，当前的混合所有制改革政策的实施效果仍然存在有待进一步优化的地方，简言之，即权责划分与降低监督成本。根据已有理论与相关研究，宏观层面的政策可以从多方面影响微观企业行为，尤其会影响企业的发展现状与前景。因此，在混合所有制改革的进一步深化进程中，还需从以下几个角度给予高度关注。

第一，正如党的十九大重点领域和关键环节改革取得突破，国有企业的其他改革和投资方向有待进一步探讨，国有企业鉴于其特殊的所有制性质，相比于其他所有制经济体，更应关注生态环境、雇员权益、社会慈善和商业伦理等方面进行社会责任投资，正如社会经济学中广泛讨论的一样，国有企业在中国经济发展中扮演重要角色，其中，国有企业具有"二重性"，即兼顾公司利益与国家和社会利益的性质（贾立政，2002），因此少数股东权益和底层收入人群的利益也是国企、国资"混改"不可忽视的重点。国有企业在地方政府促进当地经济增长及稳定地方财政收入方面均发挥重要作用。这也是除"混改"之外，国企改革的其他转轨新方向。当前"混改"以"一企一策"的方式实施，可以降低"一刀切"国企改革政策带来的社会成本，因而专项且深入的案例研究更能够有针对性地调研"混改"国企面临的实际问题并进一步总结归纳为更具参考价值的地区和行业"样板"。

第二，进一步明晰国有资产产权的界定，加强国有资产管控，减轻产权不明、"所有者"缺位导致的代理成本上升问题。国有资产产权问题亟待解决，一般国企的代理链过长，减少代理环节是降低委托代理成本行之有效的方法。此外，值得注意的是，我们在讨论中国公司治理问题中常常忽视"党组织"的作用，国有企业在中国经济腾飞过程中扮演了至关重要的角色，但是以往研究中，由于数据的问题，研究多集中于定性分析、制度探索和理论研究，而2010年之后的定量研究是在西方"三权分立"视角下探讨我国公司治理中"党组织"的作用，卢昌崇（1994）、田志龙（2003）等研究发现：党的人事任免权是国有企业内部人控制中最重要的平衡力量，党组织会对经理人员构成严重制衡，也有部分研究如：张维迎等（1995）对此制度造成的治理冗余问题提出批判和改进建议，然而非常奇怪的现象是：在传统公司治理视角下探讨中国的公司治理问题，似乎出发点有待商榷。因而在探讨中国企业的公司治理问题时，不能简单"搬运"发达市场的公司治理制度，而是应当在现有理论的基础上深挖中国问题。进一步从公司治理的角度，讨论国有资本投资公司及国有资本运营公司设立党组织、董事会及经理层的制度实施效果，并充分发挥党组织在国有资本投资公司和国有资本运营公司中的领导作用，以及国有企业董事会的决策作用、经理层的经营管理作用。企业风险投资基金（Corporate Venture Capital，CVC）是国企投资公司很好的选择，目前中国的CVC行业的企业主要集中在集团公司业务拓展与核心技术上，其中，百度、阿里巴巴和腾讯（BAT）具有突出的投资业绩。国企投资公司虽然可以采取CVC模式，但是在操作中需要注意涉及的法律问题，如对于国企作为普通合伙人在《合伙企业法》中予以禁止；投资时面临的股东虚假出资问题等。国企应提高法律风险的防范意识，投资之前做好充分的尽调工作。

第三，进一步建立健全监管系统，政府进一步"放手"。目前的政策实施时间较短，随着改革的推进，2018年的政府工作报告进一步强调：深化国有资本投资、运营公司等改革试点，赋予更多自主权，对于"混改"的政策评价仍需跟进和细化。一方面，通过完善企业负责人薪酬管理办法、企业负责人业绩考核办法等，制定外派监事会管理办法、重大投资追踪管理办法等新的规范性文件，加强国资监管队伍建设，运用科技信息手段加强日常监管，加快推进国资监管综合信息平台建设，创建完整、统一的信息数据平台等工作，建立健全国有资产管理系统。另一方面，完善国有资产管理体制，从"管企业"向"管资本"转变，加强国有资产监管。国家从"拥有"国企转向"监管"国资，并委托专业投资运营机构来代理运作，从而隔离了政府和企业的直接产权关系。随着科技的进步，监管方式也有所创新，譬如采用区块链技术在工业领域解决协同生产、商品溯源及电子票据等问题，也为国有资产监管提供了新选择。国资委、地方政府"管资本不管企业"，从国资改革出发达到混合所有制改革的目的，在国有企业与市场的关系中扮演监管中立角色，"混改"并非终极目标，而是实现提高国资使用效率、激发国有企业创新能力、提高国际竞争力等的手段，从而促使国企成为经济新常态的驱动力之一。

参考文献

［1］蔡洪滨. 最可怕的不平等是什么 ［J］. 中国企业家，2011（3）：38 - 40.

［2］车嘉丽，薛瑞. 产业政策激励影响了企业融资约束吗？［J］. 南方经济，2017，36（6）：92 - 114.

［3］陈冬华，陈信元，万华林. 国有企业中的薪酬管制与在职消费 ［J］. 经济研究，2005（2）：92 - 101.

［4］陈清泰. 国企改革：过关 ［M］. 北京：中国经济出版社，2003.

［5］陈清泰. 重塑企业制度：30 年企业制度变迁 ［M］. 北京：中国发展出版社，2008.

［6］陈武朝. 经济周期、行业周期性与盈余管理程度：来自中国上市公司的经验证据 ［J］. 南开管理评论，2013，16（3）：26 - 35.

［7］陈信元，陈冬华，万华林，等. 地区差异、薪酬管制与高管腐败 ［J］. 管理世界，2009（11）：130 - 143.

［8］陈运森，朱松. 政治关系、制度环境与上市公司资本投资 ［J］. 财经研究，2009（12）：27 - 39.

［9］戴西超，谢守祥，丁玉梅. 企业规模、所有制与技术创新：自江苏省工业企业的调查与实证 ［J］. 软科学，2006，20（6）：114 - 116.

［10］邓可斌，曾海舰. 中国企业的融资约束：特征现象与成因检验 ［J］. 经济研究，2014（2）：49 - 62，142.

［11］杜兴强，陈韫慧，杜颖洁. 寻租、政治联系与"真实"业绩——

基于民营上市公司的经验证据 [J]. 金融研究, 2010 (10): 135 – 157.

[12] 樊潇彦, 袁志刚. 我国宏观投资效率的定义与衡量: 一个文献综述 [J]. 南开经济研究, 2006 (1): 44 – 59.

[13] 方军雄. 高管权力与企业薪酬变动的非对称性 [J]. 经济研究, 2011, 4 (4): 107 – 120.

[14] 高善文. 经济运行的逻辑 [M]. 北京: 中国人民大学出版社, 2013.

[15] 公婷, 吴木銮. 我国 2000—2009 年腐败案例研究报告: 基于 2800 余个报道案例的分析 [J]. 社会学研究, 2012 (4): 204 – 220, 246.

[16] 顾乃康, 孙进军. 融资约束、现金流风险与现金持有的预防性动机 [J]. 商业经济与管理, 2009 (4): 73 – 81.

[17] 郝颖, 刘星, 林朝南. 我国上市公司高管人员过度自信与投资决策的实证研究 [J]. 中国管理科学, 2012 (5): 142 – 148.

[18] 何金耿. 股权控制、现金流量与公司投资 [J]. 经济管理, 2001 (22): 59 – 64.

[19] 胡春力. 提高我国自主创新能力的产业重点与主要对策 [J]. 宏观经济研究, 2006 (11): 3 – 10.

[20] 黄兴李, 林燕, 沈维涛. 宏观经济状况会影响公司现金股利政策吗? [J]. 财政研究, 2014 (6): 61 – 65.

[21] 贾立政. "经济人" 与 "政治人": 国企经营者的 "人格二重性" 探析 [J]. 理论与改革, 2002 (3): 92 – 95.

[22] 江泽民. 高举邓小平理论伟大旗帜, 把建设有中国特色社会主义事业全面推向二十一世纪: 在中国共产党第十五次全国代表大会上的报告 [J]. 求是, 1997 (18): 2 – 23.

[23] 姜鲁鸣, 王伟海. 军民融合: 加快转变战斗力生成模式的必由之路 [J]. 军事经济研究, 2012, 33 (11): 5 – 7.

[24] 鞠晓生, 卢获, 虞义华. 融资约束. 营运资本管理与企业创新

可持续性［J］.经济研究，2013（1）：4-16.

［25］况学文，施臻懿，何恩良.中国上市公司融资约束指数设计与评价［J］.山西财经大学学报，2010（5）：110-117.

［26］黎文靖，郑曼妮.实质性创新还是策略性创新？——宏观产业政策对微观企业创新的影响［J］.经济研究，2016，51（4）：60-73.

［27］李后建，张剑.腐败与企业创新：润滑剂抑或绊脚石［J］.南开经济研究，2015（2）：24-58.

［28］李捷瑜，黄宇丰.转型经济中的贿赂与企业增长［J］.经济学（季刊），2010，9（4）：280-297.

［29］李万福，林斌，宋璐.内部控制在公司投资中的角色：效率促进还是抑制？［J］.管理世界，2011（2）：81-99.

［30］李万福，林斌，杨德明，等.内控信息披露、企业过度投资与财务危机——来自中国上市公司的经验证据［J］.中国会计与财务研究，2010，12（4）：76-141.

［31］李增泉，辛显刚，于旭辉.金融发展.债务融资约束与金字塔结构：来自民营企业集团的证据［J］.管理世界，2008（1）：123-135.

［32］李增泉，余谦，王晓坤.掏空、支持与并购重组：来自我国上市公司的经验证据［J］.经济研究，2005（1）：95-105.

［33］梁权熙，田存志，詹学斯.宏观经济不确定性、融资约束与企业现金持有行为：来自中国上市公司的经验证据［J］.南方经济，2012，30（4）：3-16.

［34］林毅夫，李周.现代企业制度的内涵与国有企业改革方向［J］.经济管理文摘，2002（17）：30-34.

［35］刘华，孙阿妞.委托代理理论的贡献与局限［J］.广西财经学院学报，2006，19（6）：73-75.

［36］刘世定.科斯悖论和当事者对产权的认知［J］.社会学研究，1998（2）：14-23.

［37］刘晓鲁，聂辉华．国企混合所有制改革：怎么混？混得怎么样？［M］．北京：中国社会科学出版社，2016．

［38］刘勇政，冯海波．腐败、公共支出效率与长期经济增长［J］．经济研究，2011（9）：17－28．

［39］刘志彪．政府的制度供给和创新：供给侧结构性改革的关键［J］．学习与探索，2017（2）：83－87．

［40］卢昌崇．公司治理机构及新、老三会关系论［J］．经济研究，1994（11）：10－17．

［41］卢周来，于连坤，姜鲁鸣．世界各主要国家军民融合建设评介［J］．军事经济研究，2011，32（2）：67－71．

［42］陆正飞，祝继高，樊铮．银根紧缩、信贷歧视与民营上市公司投资者利益损失［J］．金融研究，2009（8）：124－136．

［43］逯东，黄丹，杨丹．国有企业非实际控制人的董事会权力与并购效率［J］．管理世界，2019，35（6）：119－141．

［44］吕长江，郑慧莲，严明珠，等．上市公司股权激励制度设计：是激励还是福利？［J］．管理世界，2009（9）：133－147，188．

［45］罗党论，刘晓龙．政治关系、进入壁垒与企业绩效——来自中国民营上市公司的经验证据［J］．管理世界，2009（5）：97－106．

［46］罗时空，龚六堂．企业融资行为具有经济周期性吗：来自中国上市公司的经验证据［J］．南开管理评论，2014（2）：74－83．

［47］罗时空，周亚虹．房价影响企业投资吗：理论与实证［J］．财经研究，2013，39（8）：133－144．

［48］马俊驹，梅夏英．财产权制度的历史评析和现实思考［J］．中国社会科学，199（1）：90－105．

［49］倪星，陈兆仓．问题与方向：当代中国腐败与反腐败研究文献评估［J］．经济社会体制比较，2011（3）：185－194．

［50］聂辉华，张彧，江艇．中国地区腐败对企业全要素生产率的影

响 [J]. 中国软科学，2014（5）：37－48.

[51] 聂辉华，江艇，杨汝岱. 中国工业企业数据库的使用现状和潜在问题 [J]. 世界经济，2012（5）：142－158.

[52] 潘红波，余明桂. 集团内关联交易、高管薪酬激励与资本配置效率 [J]. 会计研究，2014（10）：20－27，96.

[53] ［法］皮凯蒂. 21世纪资本论 [M]. 巴曙松，等译. 北京：中信出版社，2014.

[54] 饶品贵，姜国华. 货币政策对银行信贷与商业信用互动关系影响研究 [J]. 经济研究，2013（1）：68－82.

[55] 饶育蕾，汪玉英. 中国上市公司大股东对投资影响的实证研究 [J]. 南开管理评论，2006（5）：67－73.

[56] 申慧慧，于鹏，吴联生. 国有股权、环境不确定性与投资效率 [J]. 经济研究，2012，7（11）：3.

[57] 唐建新，陈冬. 地区投资者保护、企业性质与异地并购的协同效应 [J]. 管理世界，2010（8）：102－116.

[58] 唐雪松，周晓苏，马如静. 上市公司过度投资行为及其制约机制的实证研究 [J]. 会计研究，2007（7）：44－52，96.

[59] 唐雪松，周晓苏，马如静. 政府干预、GDP增长与地方国企过度投资 [J]. 金融研究，2010（9）：99－112.

[60] 田志龙，高勇强，卫武. 中国企业政治策略与行为研究 [J]. 管理世界，2003（12）：98－106.

[61] 万广华，吴一平. 制度建设与反腐败成效：基于跨期腐败程度变化的研究 [J]. 管理世界，2012（4）：60－69.

[62] 王满，徐晨阳. 金融错配下融资约束能抑制企业过度投资吗？[J]. 经济问题探索，2016（9）：135－145.

[63] 王霞，张敏，于富生. 管理者过度自信与企业投资行为异化：来自我国证券市场的经验证据 [J]. 南开管理评论，2008（2）：77－83.

[64] 王业雯,陈林.混合所有制改革是否促进企业创新?[J].经济与管理研究,2017(11):112-121.

[65] 王义中,宋敏.宏观经济不确定性、资金需求与公司投资[J].经济研究,2014,49(2):4-17.

[66] 魏明海,柳建华.国企分红、治理因素与过度投资[J].管理世界,2007(4):88-95.

[67] 文守逊,杨武.股票市场短期时间序列投机对经理投资行为的影响[J].中国管理科学,2003,11(3):6-10.

[68] 吴超鹏,吴世农,程静雅,等.风险投资对上市公司投融资行为影响的实证研究[J].经济研究,2012(1):105-119.

[69] 吴延兵.不同所有制企业技术创新能力考察[J].产业经济研究,2014(2):53-64.

[70] 肖汉宇,公婷.腐败研究中的若干理论问题[J].经济社会体制比较,2016(2):48-60.

[71] 谢乔昕,张宇.政府干预、经济影响力与融资约束[J].软科学,2013,27(11):6-10.

[72] 辛清泉,郑国坚,杨德明.企业集团、政府控制与投资效率[J].金融研究,2007(10):123-142.

[73] 徐倩.不确定性、股权激励与非效率投资[J].会计研究,2014(3):41-48.

[74] 徐善长.关于江苏、浙江混合所有制经济发展的调查报告[J].经济研究参考,2006(83):2-7.

[75] 徐晓东,张天西.公司治理、自由现金流与非效率投资[J].财经研究,2009(10):47-58.

[76] 杨记军,逯东,杨丹.国有企业的政府控制权转让研究[J].经济研究,2010,45(2):69-82.

[77] 于蔚,金祥荣,钱彦敏.宏观冲击、融资约束与公司资本结构

动态调整 [J]. 世界经济, 2012 (3): 24 – 47.

[78] 余靖雯, 肖洁, 龚六堂. 政治周期与地方政府土地出让行为 [J]. 经济研究, 2015 (2): 88 – 102.

[79] 余明桂, 回雅甫, 潘红波. 政治联系、寻租与地方政府财政补贴有效性 [J]. 经济研究, 2010, 45 (3): 65 – 77.

[80] 余明桂, 潘洪波. 政治关系、制度环境与民营企业银行贷款 [J]. 管理世界, 2008 (8): 9 – 21, 39, 187.

[81] 俞红海, 徐龙炳, 陈百助. 终极控股股东控制权与自由现金流过度投资 [J]. 经济研究, 2010 (8): 103 – 114.

[82] 喻坤, 李治国, 张晓蓉, 等. 企业投资效率之谜: 融资约束假说与货币政策冲击 [J]. 经济研究, 2014 (5): 106 – 120.

[83] 曾立, 黄朝峰, 纪建强, 等. 战略性新兴产业军民融合式发展研究 [J]. 科技进步与对策, 2011, 28 (23): 65 – 68.

[84] 詹雷, 王瑶瑶. 管理层激励、过度投资与企业价值 [J]. 南开管理评论, 2013 (3): 36 – 46.

[85] 湛泳, 赵纯凯. 资本市场发展、军民融合与产业结构优化升级 [J]. 南开经济研究, 2016 (5): 36 – 54.

[86] 张德霖. 2006 年企业国有资产监管法制工作 [J]. 国有资产管理, 2007 (1): 11 – 15.

[87] 张敏, 张胜, 申慧慧, 等. 政治关联与信贷资源配置效率: 来自我国民营上市公司的经验证据 [J]. 管理世界, 2010 (11): 143 – 153.

[88] 张明龙. 区域经济发展模式的比较与思考 [J]. 求实, 2002 (9): 7 – 9.

[89] 张维迎. 公有制经济中的委托人—代理人关系: 理论分析和政策含义 [J]. 经济研究, 1995, (4): 10 – 20.

[90] 张维迎. 所有制、治理结构及委托—代理关系——兼评崔之元和周其仁的一些观点 [J]. 经济研究, 1996 (9): 3 – 15.

[91] 张文魁，等．混合所有制与现代企业制度——政策分析及中外实例 [M]．北京：人民出版社，2017.

[92] 张五常．经济解释 [M]．北京：中信出版社，2015.

[93] 张璇，刘贝贝，汪婷，等．信贷寻租、融资约束与企业创新 [J]．经济研究，2017，52 (5)：161 - 174.

[94] 张燕航．政府干预对企业技术创新的影响 [J]．现代管理科学，2012 (2)：84 - 85.

[95] 张兆国，陈华东，郑宝红．资本结构视角下国企混合所有制改革中几个问题的思考 [J]．宏观经济研究，2016 (1)：86 - 92.

[96] 赵西卜，王放，李哲．央企高管的职业生涯关注与投资效率：来自反腐风暴背景下的经验证据 [J]．经济理论与经济管理，2015 (12)：78 - 93.

[97] 赵颖．腐败与企业成长：中国的经验证据 [J]．经济学动态，2015 (7)：35 - 49.

[98] 赵振全，于震，刘淼．金融加速器效应在中国存在吗？ [D]．经济研究，2007 (6)：27 - 38.

[99] 赵振全，张宇．中国股票市场波动和宏观经济波动关系的实证分析 [J]．数量经济技术经济研究，2003 (6)：143 - 146.

[100] 郑江淮，何旭强．上市公司投资的融资约束：从股权结构角度的实证分析 [J]．金融研究，2001 (11)：92 - 99.

[101] 周军．国企高管权力与企业过度投资 [J]．中南财经政法大学学报，2017 (5)：148 - 156.

[102] 周黎安．晋升博弈中政府官员的激励与合作：兼论我国地方保护主义和重复建设问题长期存在的原因 [J]．经济研究，2004 (6)：33 - 40.

[103] 周黎安．中国地方官员的晋升锦标赛模式研究 [J]．经济研究，2007 (7)：36 - 50.

[104] Abbink K, Serra D. *Anticorruption Policies*: *Lessons from the Lab* [M]//*New Advances in Experimental Research on Corruption*. Emerald Group Publishing Limited, 2012.

[105] Adhikari A, Derashid C, Zhang H. Public Policy, Political Connections, and Effective Tax Rates: Longitudinal Evidence from Malaysia [J]. *Journal of Accounting and Public Policy*, 2006, 25 (5): 574 – 595.

[106] Aggarwal R, Zong S. The Cash Flow – Investment Relationship: International Evidence of Limited Access to External Finance [J]. *Journal of Multinational Financial Management*, 2006, 16 (1): 89 – 104.

[107] Aidt T S. Economic Analysis of Corruption: a Survey [J]. *The Economic Journal*, 2003, 113 (491): F632 – F652.

[108] Allen F, Qian J, Qian M. Law, Finance, and Economic Growth in China [J]. *Journal of Financial Economics*, 2005, 77 (1): 57 – 116.

[109] Altman E I, Haldeman R G, Narayanan P. ZETATM Analysis A new Model to Identify Bankruptcy Risk of Corporations [J]. *Journal of Banking & Finance*, 1977, 1 (1): 29 – 54.

[110] Arrow K J. Informational Structure of the Firm [J]. *The American Economic Review*, 1985, 75 (2): 303 – 307.

[111] Ashenfelter O D. Card, Using the Longitudinal Structure of Earnings to Estimate the Effect of Training Programs [J]. *Review of Economics and Statistics*, 1985 (67): 648 – 660.

[112] Athey M J, Laumas P S. Internal Funds and Corporate Investment in India [J]. *Journal of Development Economics*, 1994, 45 (2): 287 – 303.

[113] Bailey W, Huang W, Yang Z S. Bank Loans with Chinese Characteristics: Some Evidence on Inside Debt in a State – controlled Banking System [J]. *Journal of Financial and Quantitative Analysis*, 2011, 46 (6): 1795 – 1830.

［114］ Balke N S. Credit and Economic Activity：Credit Regimes and Non-linear Propagation of Shocks ［J］. *The Review of Economics and Statistics*，2000，82（2）：344 - 349.

［115］ Barros，Silveira. Overconfidence，Managerial Optimism and the Determinants of Capital Structure ［J］. *SSRN Working Paper*，2007.

［116］ Beaudry P，Caglayan M，Schiantarelli F. Monetary Instability，the Predictability of Prices，and the Allocation of Investment：An Empirical Investigation Using UK Panel Data ［J］. *American Economic Review*，2001，91（3）：648 - 662.

［117］ Becker M C，Knudsen T. Schumpeter 1911：Farsighted Visions on Economic Development ［J］. *American Journal of Economics and Sociology*，2002，61（2）：387 - 403.

［118］ Bennedsen M，Wolfenzon D. The Balance of Power in Closely Held Corporations ［J］. *Journal of Financial Economics*，2000，58（1 - 2）：113 - 139.

［119］ Bernanke B S，Gertler M. Inside the Black Box：the Credit Channel of Monetary Policy Transmission ［J］. *Journal of Economic Perspectives*，1995，9（4）：27 - 48.

［120］ Bertrand M，Schoar A，Thesmar D. Banking Deregulation and Industry Structure：Evidence from the French Banking Reforms of 1985 ［J］. *The Journal of Finance*，2007，62（2）：597 - 628.

［121］ Bertrand M，Mullainathan S. Enjoying the Quiet Life? Corporate Governance and Managerial Preferences ［J］. *Journal of Political Economy*，2003，111（5）：1043 - 1075.

［122］ Bhattacharya S. Imperfect Information，Dividend Policy，and "the Bird in the Hand" Fallacy ［J］. *Bell Journal of Economics*，1979，10（1）：259 - 270.

［123］ Biddle G C, Hilary G, Verdi R S. How Does Financial Reporting Quality Relate to Investment Efficiency? ［J］. *Journal of Accounting and Economics*, 2009, 48 (2 – 3): 112 – 131.

［124］ Blackburn M K L, Vermilyea T. The Prevalence and Impact of Misstated Incomes on Mortgage Loan Applications ［J］. *Journal of Housing Economics*, 2012, 21 (2): 151 – 168.

［125］ Blair M M. *The Deal Decade: What Takeovers and Leveraged Buyouts Mean for Corporate Governance* ［M］. Brookings Institution, 1993.

［126］ Boycko M, Shleifer A, Vishny R W. A theory of Privatisation ［J］. *The Economic Journal*, 1996, 106 (435): 309 – 319.

［127］ Boycko M, Shleifer A, Vishny R W. Voucher Privatization ［J］. *Journal of Financial Economics*, 1994, 35 (2): 249 – 266.

［128］ Brandt L, X Zhu. Accounting for China's Growth ［J］. *University of Toronto Working Paper*, 2010, No. 4764.

［129］ Cai H, Fang H, Xu L C. Eat, Drink, Firms, Government: An Investigation of Corruption from the Entertainment and Travel Costs of Chinese Firms ［J］. *The Journal of Law and Economics*, 2011, 54 (1): 55 – 78.

［130］ Calomiris C W, Himmelberg C P, Wachtel P. *Commercial Paper, Corporate Finance, and the Business Cycle: a Microeconomic Perspective* ［C］// *Carnegie – Rochester Conference Series on Public Policy*. North – Holland, 1995, 42: 203 – 250.

［131］ Carpenter M A, Westphal J D. The Strategic Context of External Network Ties: Examining the Impact of Director Appointments on Board Involvement in Strategic Decision Making ［J］. *Academy of Management Journal*, 2001, 44 (4): 639 – 660.

［132］ Chaney T. Liquidity Constrained Exporters ［J］. *Journal of Economic Dynamics and Control*, 2016 (72): 141 – 154.

［133］ Chan W S. Stock Price Reaction to News and No - news: Drift and Reversal after Headlines ［J］. *Journal of Financial Economics*, 2003, 70 (2): 223 - 260.

［134］ Chirinko R S, Schaller H. Why Does Liquidity Matter in Investment Equations? ［J］. *Journal of Money, Credit and Banking*, 1995, 27 (2): 527 - 548.

［135］ Claessens S, Laeven L. Financial Development, Property Rights, and Growth ［J］. *The Journal of Finance*, 2003, 58 (6): 2401 - 2436.

［136］ Cleary S. The Relationship between Firm Investment and Financial Status ［J］. *The Journal of Finance*, 1999, 54 (2): 673 - 692.

［137］ Covas F, Den Haan W J. The Role of Debt and Equity Finance over the Business Cycle ［J］. *The Economic Journal*, 2012, 122 (565): 1262 - 1286.

［138］ Cowan K, Neut A. Intermediate Goods, Institutions and Output Per Worker ［J］. *Documentos de Trabajo (Banco Central de Chile)*, 2007 (420): 1.

［139］ Cragg M, Stiglitz J E. Should the Government Invest, or Try to Spur Private Investment? ［J］. *The Economists' Voice*, 2011, 8 (2): 1 - 6.

［140］ Denis D J, Sibilkov V. Financial Constraints, Investment, and the Value of Cash Holdings ［J］. *The Review of Financial Studies*, 2009, 23 (1): 247 - 269.

［141］ De Rosa D, Gooroochurn N, Görg H. *Corruption and Productivity: Firm - Level Evidence from the Beeps Survey* ［J］. *Jahrbücher Für Nationalökonomie Und Statistik*, 2015, 235 (2): 115 - 138.

［142］ Devereux M, Schiantarelli F. Investment, Finacial Factors and Cash Flow: Evidence from UK Panel Data. In Asymmetric Information, Corporate Finance, and Investment ［J］. *National Bureau of Economic Research*, 1989: 279 - 306.

［143］ Ding S, Knight J, Zhang X. Does China Overinvest? Evidence from a Panel of Chinese Firms ［J］. *The European Journal of Finance*, 2019, 25 （6）: 489 – 507.

［144］ Dong B, Torgler B. Causes of Corruption: Evidence from China ［J］. *China Economic Review*, 2013 （26）: 152 – 169.

［145］ Doukas J A, Kim C F, Pantzalis C. Divergence of Opinion and Equity Returns ［J］. *Journal of Financial and Quantitative Analysis*, 2006, 41 （3）: 573 – 606.

［146］ Erickson T, Whited T M. Measurement Error and the Relationship Between Investment and Q ［J］. *Journal of Political Economy*, 2000, 108 （5）: 1027 – 1057.

［147］ Faccio M, Lang L H P. The Ultimate Ownership of Western European Corporations ［J］. *Journal of Financial Economics*, 2002, 65 （3）: 365 – 395.

［148］ Faccio M. *The Characteristics of Politically Connected Firms* ［R］. Working Paper, Vanderbilt University, 2007.

［149］ Fama E F, Jensen M C. Separation of Ownership and Control ［J］. *The Journal of Law and Economics*, 1983, 26 （2）: 301 – 325.

［150］ Fan J P H, Rui O M, Zhao M. Public Governance and Corporate Finance: Evidence from Corruption Cases ［J］. *Journal of Comparative Economics*, 2008, 36 （3）: 343 – 364.

［151］ Fazzari S M, Hubbard R G, Petersen B. Investment, Financing Decisions, and Tax Policy ［J］. *The American Economic Review*, 1988, 78 （2）: 200 – 205.

［152］ Fazzari S M, Hubbard R G, Petersen B C. Financing Constraints and Corporate Investment ［J］. *Nber Working Papers*, 1987.

［153］ Ferreyra – Orozco G. Understanding Corruption in a State Supreme

Court in Central Mexico: an Ethnographic Approach [J]. *Human Organization*, 2010: 242 – 251.

[154] Fisman R, Svensson J. Are Corruption and Taxation Really Harmful to Growth? Firm Level Evidence [J]. *Journal of Development Economics*, 2007, 83 (1): 63 – 75.

[155] Fudenberg D, Holmstrom B, Milgrom P. Short – term Contracts and Long – term Agency Relationships [J]. *Journal of Economic Theory*, 1990, 51 (1): 1 – 31.

[156] Gansler J S, Lucyshyn W. *Cost as a Military Requirement* [R]. Maryland Univ College Park Center For Public Policy And Private Enterprise, 2013.

[157] Gertler M, Gilchrist S. Monetary Policy, Business Cycles, and the Behavior of Small Manufacturing Firms [J]. *The Quarterly Journal of Economics*, 1994, 109 (2): 309 – 340.

[158] Gilchrist S. An Empirical Analysis of Corporate Investment and Financing Hierarchies Using Firm Level Panel Data [J]. *Manuscript. Board of Governors of the Federal Reserve System*, 1990.

[159] Goel, Rajeev K, Michael A Nelson. Corruption and Government Size: a Disaggregated Analysis [J]. *Public Choice*, 1998, 97 (1): 107 – 120.

[160] Greenwald B C, Stiglitz J E, Weiss A. Informational Imperfections in the Capital Market and Macro-economic Fluctuations [J]. *American Economic Review*, 1984 (74): 194 – 199.

[161] Grossman S J, Hart O D. One Share-one Vote and the Market for Corporate Control [J]. *Journal of Financial Economics*, 1988 (20): 175 – 202.

[162] Gupta S, Davoodi H, Alonso – Terme R. Does Corruption Affect In-

come Inequality and Poverty? [J]. *Economics of Governance*, 2002, 3 (1): 23 – 45.

[163] Hackbarth D, Miao J, Morellec E. Capital Structure, Credit Risk, and Macroeconomic Conditions [J]. *Journal of Financial Economics*, 2006, 82 (3): 519 – 550.

[164] Hadlock C J, Pierce J R. New Evidence on Measuring Financial Constraints: Moving Beyond the KZ Index [J]. *The Review of Financial Studies*, 2010, 23 (5): 1909 – 1940.

[165] Hart S L. A Natural – resource – based View of the Firm [J]. *Academy of Management Review*, 1995, 20 (4): 986 – 1014.

[166] Heaton J B. Managerial Optimism and Corporate Finance [J]. *Financial Management*, 2002 (31): 33 – 45.

[167] Heckman J J. Sample Selection Bias as a Specification Error (with an Application to the Estimation of Labor Supply Functions) [J]. *National Bureau of Economic Research*, 1977.

[168] Heywood. *Routledge Handbook of Political Corruption* [M]. New York: Routledge, 2014.

[169] Hoshi T, Kashyap A, Scharfstein D. Corporate Structure, Liquidity, and Investment: Evidence from Japanese Industrial Groups [J]. *The Quarterly Journal of Economics*, 1991, 106 (1): 33 – 60.

[170] Iacoviello M. House Prices, Borrowing Constraints, and Monetary Policy in the Business Cycle [J]. *American Economic Review*, 2005, 95 (3): 739 – 764.

[171] Jason Furman, Stiglitz J E. Economic Crises: Evidence and Insights from East Asia [J]. *Brookings Papers on Economic Activity*, 1998 (2): 1 – 114.

[172] Jensen M C, Meckling W H., Theory of the Firm: Managerial

Behavior, Agency Costs and Ownership Structure [J]. *Journal of Financial Economics*, 1976, 3 (4): 305 – 360.

[173] Jermann U, Quadrini V. Macroeconomic Effects of Financial Shocks [J]. *American Economic Review*, 2012, 102 (1): 238 – 271.

[174] Joseph Stiglitz. The Failure of Macroeconomics in America [J]. *China & World Economy*, 2011, 19 (5): 17 – 30.

[175] Kaplan S N, Zingales L. Investment-cash Flow Sensitivities Are not Valid Measures of Financing Constraints [J]. *The Quarterly Journal of Economics*, 2000, 115 (2): 707 – 712.

[176] Kashyap A K, Stein J C. What Do a Million Observations on Banks Say about the Transmission of Monetary Policy? [J]. *American Economic Review*, 2000, 90 (3): 407 – 428.

[177] Keynes J M. *The General Theory of Employment, Interest and Money* [M]. Prometheus Books, 1997.

[178] Khwaja A I, Mian A. Do Lenders Favor Politically Connected Firms? Rent Provision in an Emerging Financial Market [J]. *The Quarterly Journal of Economics*, 2005, 120 (4): 1371 – 1411.

[179] Kiyotaki N, Moore J. Credit Cycles [J]. *Journal of Political Economy*, 1997, 105 (2): 211 – 248.

[180] Koenig C, Von Wendland B. *The Art of Regulation: Competition in Europe – Wealth and Wariness* [M]. Edward Elgar Publishing, 2017.

[181] Korajczyk R A, Levy A. Capital Structure Choice: Macroeconomic Conditions and Financial Constraints [J]. *Journal of Financial Economics*, 2003, 68 (1): 75 – 109.

[182] Kornai J. The Dilemmas of a Socialist Economy: the Hungarian Experience [J]. *Cambridge Journal of Economics*, 1980, 4 (2): 147 – 157.

[183] Krueger A. The Political Economy of a Rent Seeking Society [J].

American Economic Review, 1974 (64): 291 - 303.

[184] Lambert, Richard A. Long - term Contracts and Moral Hazard [J]. *Bell Journal of Economics*, 1983 (14): 441 - 452.

[185] Lambsdorff, Johann Graf. *Corruption in Empirical Research: a Review* [R]. Paper Presented at the 9th International Anti - Corruption? Conference, 1999.

[186] Lang L H P, Litzenberger R H. Dividend Announcements: Cash Flow Signalling vs. Free Cash Flow Hypothesis? [J]. *Journal of Financial Economics*, 1989, 24 (1): 181 - 191.

[187] La Porta R, Lopez-de - Silanes F, Shleifer A. Corporate Ownership Around the World [J]. *The Journal of Finance*, 1999, 54 (2): 471 - 517.

[188] Leff N H. Economic Development Through Bureaucratic Corruption [J]. *American Behavioral Scientist*, 1964, 8 (3): 8 - 14.

[189] Lien D H D. A Note on Competitive Bribery Games [J]. *Economics Letters*, 1986, 22 (4): 337 - 341.

[190] Li H, Zhou L A. Political Turnover and Economic Performance: the Incentive Role of Personnel Control in China [J]. *Journal of Public Economics*, 2005, 89 (9 - 10): 1743 - 1762.

[191] Lin Y, Hu S, Chen M. Managerial Optimism and Corporate Investment: Some Empirical Evidence from Taiwan [J]. *Pacific - Basin Finance Journal*, 2005, 13 (5): 523 - 546.

[192] Lipsey R G, Lancaster K. The General Theory of Second Best [J]. *The Review of Economic Studies*, 1956, 24 (1): 11 - 32.

[193] Lokshin M, Popkin B M. The Emerging Underclass in the Russian Federation: Income Dynamics, 1992—1996 [J]. *Economic Development and Cultural Change*, 1999, 47 (4): 803 - 829.

[194] Lui F T. An Equilibrium Queuing Model of Bribery [J]. *Journal of*

Political Economy, 1985, 93 (4): 760 – 781.

[195] Malmendier U, Tate G. CEO Overconfidence and Corporate Investment [J]. *The Journal of Finance*, 2005, 60 (6): 2661 – 2700.

[196] Mano H, Oliver R L. Assessing the Dimensionality and Structure of the Consumption Experience: Evaluation, Feeling, and Satisfaction [J]. *Journal of Consumer Research*, 1993, 20 (3): 451 – 466.

[197] Mauro P. Corruption and Growth [J]. *The Quarterly Journal of Economics*, 1995, 110 (3): 681 – 712.

[198] Meyer J R, Kuh E. *The Investment Decision: an Empirical Study* [M]. Cambridge, MA: Harvard University Press, 1957.

[199] Modigliani F, Miller M H. The Cost of Capital, Corporation Finance and the Theory of Investment [J]. *The American Economic Review*, 1958, 48 (3): 261 – 297.

[200] Méon P G, Sekkat K. Does Corruption Grease or Sand the Wheels of Growth? [J]. *Public Choice*, 2005, 122 (1): 69 – 97.

[201] Mo P H. Corruption and Economic Growth [J]. *Journal of Comparative Economics*, 2001, 29 (1): 66 – 79.

[202] Myers S C, Majluf N S. Corporate Financing and Investment Decisions when Firms Have Information That Investors Do Not Have [J]. *Journal of Financial Economics*, 1984, 13 (2): 187 – 221.

[203] Myers S C. Determinants of Corporate Borrowing [J]. *Journal of Financial Economics*, 1977, 5 (2): 147 – 175.

[204] Narayana N S S, Parikh K S, Srinivasan T N. Rural Works Programs in India: Costs and Benefits [J]. *Journal of Development Economics*, 1988, 29 (2): 131 – 156.

[205] Olken B A. Corruption and the Costs of Redistribution: Micro Evidence from Indonesia [J]. *Journal of Public Economics*, 2006, 90 (4 – 5):

853 – 870.

[206] Persson A, Rothstein B, Teorell J. Why Anticorruption Reforms Fail – systemic Corruption As a Collective Action Problem [J]. *Governance*, 2013, 26 (3): 449 – 471.

[207] Pigou A C. The Value of Money: Correction [J]. *Quarterly Journal of Economics*, 1918, 32 (2): 38 – 65.

[208] Pindyck R S & Rubinfeld D L. *Microeconomics* [M]. Pearson Deutschland Gmbh, 2009.

[209] Pindyck R S. *Sunk Costs and Risk – based Barriers to Entry* [R]. National Bureau of Economic Research, 2009 (No. w14755).

[210] Pratt J W, Zeckhauser R J. Principals and Agents: an Overview [J]. *Principals and Agents: The Structure of Business*, 1985 (1): 12 – 15.

[211] Radner R. Monitoring Cooperative Agreements in a Repeated Principal – Agent Relationship [J]. *Econometrica*, 1981 (49): 1127 – 1148.

[212] Rajan R G, Zingales L. Power in a Theory of the Firm [J]. *The Quarterly Journal of Economics*, 1998, 113 (2): 387 – 432.

[213] Reinikka R, Svensson J. Local Capture: Evidence from a Central Government Transfer Program in Uganda [J]. *The Quarterly Journal of Economics*, 2004, 119 (2): 679 – 705.

[214] Richardson S. Over – Investment of Free Cash Flow [J]. *Review of Accounting Studies*, 2006, 11 (2 – 3): 159 – 189.

[215] Ritter J R. The Costs of Going Public [J]. *Journal of Financial Economics*, 1987, 19 (2): 269 – 281.

[216] Rodriguez P, Siegel D S, Hillman A, et al. Three Lenses on the Multinational Enterprise: Politics, Corruption, and Corporate Social Responsibility [J]. *Journal of International Business Studies*, 2006 (37): 733 – 746.

[217] Rogerson W P. The First – Order Approach to Principal – agent

Problems [J]. *Econometrica*, 1985 (53): 1357 – 1367.

[218] Roll R. The Hubris Hypothesis of Corporate Takeovers [J]. *Journal of Business*, 1986, 59 (2): 197 – 216.

[219] Romer P M. Endogenous Technological Change [J]. *Journal of Political Economy*, 1990, 98 (5): 71 – 102.

[220] Romer P M. Increasing Returns and Long – Run Growth [J]. *Journal of Political Economy*, 1986, 94 (5): 1002 – 1037.

[221] Rosenbaum P R. *Overt Bias in Observational Studies* [M] // *Observational Studies*. New York: Springer, 2002.

[222] Ross S A. The Economic Theory of Agency: The Principal's Problem [J]. *The American Economic Review*, 1973, 63 (2): 134 – 139.

[223] Rubinstein A. Equilibrium in Supergames with the Overtaking Criterion [J]. *Journal of Economic Theory*, 1979, 21 (1): 1 – 9.

[224] Şeker M, Yang J S. Bribery Solicitations and Firm Performance in the Latin America and Caribbean Region [J]. *Journal of Comparative Economics*, 2014, 42 (1): 246 – 264.

[225] Shapiro C, Varian H R. Versioning: the Smart Way to Sell Information [J]. *Harvard Business Review*, 1998, 107 (6): 107.

[226] Skelcher C. Public – Private Partnerships and Hybridity [M] // *The Oxford Handbook of Public Management*. Oxford: Oxford University Press, 2005: 44.

[227] Sotomayor L R, Cadenillas A. Explicit Solutions of Consumption – Investment Problems in Financial Markets with Regime Switching [J]. *Mathematical Finance: An International Journal of Mathematics, Statistics and Financial Economics*, 2009, 19 (2): 251 – 279.

[228] Steven N Kaplan and Luigi Zingales. Do financing Constraints Explain Why Investment Is Correlated with Cash Flow? [J]. *Quarterly Journal of*

Economics, 1997 (112): 169 – 215.

[229] Stiglitz J E. On The Relevance or Irrelevance of Public Financial Policy [J]. *National Bureau of Economic Research*, 1983: 41 – 76.

[230] Stulz R M. Managerial Discretion and Optimal Financing Policies [J]. *Journal of Financial Economics*, 1990, 26 (1): 3 – 27.

[231] Summers L H, Bosworth B P, Tobin J, et al. Taxation and Corporate Investment: A Q – theory Approach [J]. *Brookings Papers on Economic Activity*, 1981 (1): 67 – 140.

[232] Tanzi V, Davoodi H. *Corruption, Public Investment, and Growth* [M]//*The Welfare State, Public Investment, and Growth*. Tokyo: Springer, 1998.

[233] Townsend, Robert M. Optimal Multiperiod Contracts and the Gain from Enduring Relationships under Private Information [J]. *Journal of Political Economy*, 1982, 90 (6): 1166 – 1186.

[234] Treisman D. The Causes of Corruption: a Cross – national Study [J]. *Journal of Public Economics*, 2000, 76 (3): 399 – 457.

[235] Vogt S C. The Cash Flow/Investment Relationship: Evidence from US Manufacturing Firms [J]. *Financial Management*, 1994: 3 – 20.

[236] Wang Y, You J. Corruption and Firm Growth: Evidence from China [J]. *China Economic Review*, 2012, 23 (2): 415 – 433.

[237] Wette H C. Collateral in Credit Rationing in Markets with Imperfect Information [J]. *American Economic Review*, 1983, 73 (3): 442 – 445.

[238] Whited T M & Wu G. Financial Constraints Risk [J]. *The Review of Financial Studies*, 2006, 19 (2): 531 – 559.

[239] Whited T M. Debt, Liquidity Constraints, and Corporate Investment: Evidence from Panel Data [J]. *The Journal of Finance*, 1992, 47 (4): 1425 – 1460.

［240］Williamson S D. Costly Monitoring, Financial Intermediation, and Equilibrium Credit Rationing ［J］. *Journal of Monetary Economics*, 1986, 18 (2): 159 – 179.

［241］Wu W, Wu C, Zhou C, et al. Political Connections, Tax Benefits and Firm Performance: Evidence from China ［J］. *Journal of Accounting and Public Policy*, 2012, 31 (3): 277 – 300.

［242］Yermack D. Flights of Fancy: Corporate Jets, CEO Perquisites, and Inferior Shareholder Returns ［J］. *Journal of Financial Economics*, 2006, 80 (1): 211 – 242.

［243］Y H Yeh, P G Shu, S B Chiu . Political Connections, Corporate Governance and Preferential Bank Loans ［J］. *Pacific – Basin Finance Journal*, 2013, 21 (1): 1079 – 1101.